ᴇⱽ reinhardt

Mario Gmür

Das Medienopfer-
syndrom

Ernst Reinhardt Verlag München Basel

Priv.-Doz. Dr. med. *Mario Gmür*, Psychiater und Psychoanalytiker, Zürich

Covergestaltung: ZERO, München

Bibliografische Information der Deutschen Nationalbibliothek

Die Deutsche Nationalbibliothek verzeichnet diese Publikation in der Deutschen Nationalbibliografie; detaillierte bibliografische Daten sind im Internet über <http://dnb.d-nb.de> abrufbar.
ISBN 978-3-497-01929-8

Printed in Germany
Satz: Buch&media GmbH, München
Druck und Bindung: Friedrich Pustet, Regensburg

Ernst Reinhardt Verlag, Kemnatenstr. 46, D-80639 München
Net: www.reinhardt-verlag.de E-Mail: info@reinhardt-verlag.de

Inhalt

Einleitung

Dass und in welcher Weise Medien dem Einzelnen Nutzen oder Schaden bringen, hat zunächst einmal mit der Wirkung von Öffentlichkeit ganz allgemein zu tun. Das Verhältnis des Individuums zur Öffentlichkeit beginnt bereits mit seiner Beziehung zum Partner als Einzelperson. Es weitet sich in der Beziehung zuerst zur kleinen und dann zur größeren Gruppe und schließlich zur Masse in wachsender Dimension aus. Das Fehlen von Öffentlichkeit kann quälende Gefühle von Einsamkeit, Leere und Wertlosigkeit auslösen, das Vorhandensein von Öffentlichkeit das Gefühl von Ausgeliefertsein und Angst vor Verlust der Kontrolle über die eigene Person.

Die in der psychiatrischen Terminologie mit „hysterionisch" bezeichnete Persönlichkeit heischt nach Aufmerksamkeit, um nicht dem Gefühl von Nichtigkeit anheim zu fallen. Dagegen ist die soziophobe Persönlichkeit gekennzeichnet von einer Angst vor Aufmerksamkeit und Zuschauerschaft, die sich in einem quälenden Unwohlsein und in einer Scham (oft verbunden mit Erröten, der sog. Erythrophobie) und in einer Flucht vor der Öffentlichkeit äußert. Schon hier wird deutlich, dass die Disposition der Persönlichkeit ein wichtiger Faktor für das Entstehen eines Medienopfersyndroms ist und dass Öffentlichkeit als Trauma dieses auslöst.

Neben dem direkten Ausgeliefertsein an die *präsente* Öffentlichkeit ist die fehlende Kontrolle über die Ausbreitung von persönlichen Daten in der *anonymen* Öffentlichkeit eine schwere Belastung. Unabhängig von der Wirkung von Medien gibt es also eine Wirkung von Öffentlichkeit und damit auch Öffentlichkeitswirkungsopfer und ein Öffentlichkeitsopfersyndrom. Außerhalb der eigenen vier Wände, auf der Straße, in der Straßen- und Eisenbahn, auf Plätzen und in Stadien, überall entfaltet Öffentlichkeit Wirkung auf uns. Die Medien aber sind oft

Vermittler von Öffentlichkeit. Sie tragen Informationen ins Publikum, und sie repräsentieren auch die Öffentlichkeit, indem sie deren Stimmung und Haltung wiedergeben. Sie sind oder werden durch den Akt der Veröffentlichung eine Agentur von Öffentlichkeit. Überspitzt könnte sogar gesagt werden: durch die Herstellung von Öffentlichkeit *sind* sie die Öffentlichkeit.

Der Ausdruck Medienopfersyndrom impliziert einen Vorwurf an die Adresse von Medienschaffenden. Ich habe mich dieser Thematik unter dem Eindruck von Medienopfern zugewendet, bei denen die „Täter" nach meinem Gefühl in ihrem publizistischen Wirken eine Grenze in unstatthafter Weise überschritten hatten, sei es moralisch oder gar strafrechtlich. Die Auswirkungen waren Persönlichkeitsverletzungen, die sich meines Erachtens nicht mit dem Anspruch eines seriösen Journalismus vereinbaren ließen.

So wie ein nach allen Regeln der Kunst ausgeführter ärztlicher Eingriff eine vorübergehende oder auch nachhaltige schmerzhafte oder funktionell beeinträchtigende Verletzung verursachen kann, so kann auch die seriöse Berichterstattung und Kommentierung nicht vermeiden, dass sie Wunden beibringt und zu Beeinträchtigungen führt, die sie weder beabsichtigt noch gewünscht hat.

Wenn von Medienopfern die Rede ist, so sind die *vermeidbaren* von den *unvermeidbaren* zu unterscheiden. Erstere sind die Folge einer inakzeptablen publizistischen Aggressivität oder Fehlleistung, während letztere durch korrekte publizistische Leistungen als unvermeidliche Nebenwirkungen und Kollateralschäden entstehen. Für die realen Auswirkungen auf das betroffene Individuum, das sog. Medienopfer, und für deren Beschreibung in psychopathologischer Fachsprache ist diese Unterscheidung oft von geringer Bedeutung. Denn Verletzungen schmerzen oft unabhängig von ihrer Ursache. Allerdings dürfte die legitime Verletzung durch Medien weniger schwerwiegende Folgen zeitigen als eine ungestüme boulevardeske Aggressivität, ebenso wie der sorgfältig kontrollierte chirurgische Schnitt im Vergleich zu einem Unfalltrauma.

Meine Darstellung des Medienopfersyndroms erfolgt aus einer kritischen Haltung gegenüber der in den letzten Jahren überhandnehmenden Boulevardisierung der Medien. Es sind aber die Publizistikwissenschaft und die Rechtswissenschaft, welche die Kompetenz haben, die moralischen und rechtlichen Grenzen der Medienarbeit zu bestimmen. Meine Ausführungen sind nur ein Beitrag zur Erweiterung der Beurteilungsunterlagen.

Für die Beschreibung des Medienopfersyndroms als psychopathologisches Erscheinungsbild ist die persönliche Untersuchung und Befragung des Medienopfers eine unerlässliche Voraussetzung. Dieses psychische Störungsbild bildet sich nicht bei jedem Menschen, der von Medien verletzt worden ist. Doch können wir auch da ein Medienopfer sehen oder vermuten, wo die Verletzung durch Medien nur eine Kränkung oder ein Ungemach etwa in Form schwerer sozialer Beeinträchtigung wie Verlust der Arbeitsstelle oder Verlust von Freunden ausgelöst hat. Vor allem die aus Literatur und Presse entnommenen spektakulären Fälle lassen im Allgemeinen keine Erkenntnisse über die psychopathologische Natur der verursachten Persönlichkeitsveränderungen zu, weil die Betroffenen ihren Zustand und ihr seelisches Befinden nur rudimentär beschrieben haben. Auch lässt sich eine allfällige Polymorbidität (Mehrfacherkrankung) nicht erkennen und die Abgrenzung von anderen krank machenden Einflüssen nicht vollziehen. Solche Fälle, die oft zu Beschädigungen des Ansehens der betroffenen Persönlichkeiten geführt haben, wie uns die Kasuistiken Borer, Kießling, Anderwert und Eulenburg eindrücklich zeigen, lassen aber Methoden und Dynamik der Medienaggressivität sichtbar werden. Sie sollen die von mir beschriebenen Fälle von Medienopfern aus der psychotherapeutischen Praxis ergänzen.

1 Faktoren der Öffentlichkeit

1.1 Der mediale Pranger

> „Käme Christus jetzt zur Welt, so würde er doch vielleicht nicht getötet werden, sondern ausgelacht. Dies ist das Martyrium in der Zeit des Verstandes; in der Zeit des Gefühls und der Leidenschaft wird man getötet." (Sören Kierkegaard, der wegen ungleichlanger Hosenbeine zum Gespött seiner Heimatstadt Kopenhagen wurde und sich als großen Leidenden sieht:) „Eigentlich habe ich das Martyrium des Gelächters erlitten."

Das Wort „Ehre" und das Gegenteil „Schande" klingen heute für uns altmodisch, und beide haben teilweise ihre ursprüngliche Bedeutung eingebüßt. Ehre bedeutet einerseits Integrität und Unbescholtenheit und andererseits auch äußere Wertschätzung. Sie nimmt auch im Wertesystem der modernen Gesellschaft einen wichtigen Platz ein.

Der Pranger ist abgeleitet von niederdeutsch „prangen", was so viel heißt wie drücken, klemmen. Er war im mittelalterlichen und neuzeitlichen Europa ein hölzerner Pfahl oder eine steinerne Säule, an denen Ehebrecher, Diebe, Dirnen und andere Straffällige durch ein Halseisen festgemacht und auf Marktplätzen oder an öffentlichen Gebäuden der Verspottung durch die Gemeinschaft ausgeliefert wurden. Es handelte sich um eine Ehrenstrafe, wozu die entehrende öffentliche Zurschaustellung der Fehlbaren und die Mitwirkung der Volksmenge gehörte. Sie bezweckte als Akt der Volksjustiz eine soziale Sanktion, die Ehrlosigkeit und Minderung des sozialen Ansehens zur Folge haben sollte. Die Entehrung wurde mit Abschneiden des langen Gewandes zu einem „Schandhemd", Ritt auf dem Esel und Aufsetzen einer Schand- oder Spottmaske als theatralischer Akt inszeniert. Neben der

Vergeltung von Straftaten sollte das Prangerstehen durch die Hervorrufung einer allgemeinen Angst vor Ehrverlust eine erzieherische Wirkung ausüben. Zu einer Revitalisierung der Prangertradition kam es im Dritten Reich, etwa zur Brandmarkung von Frauen, die sich verbotenen Umgang mit Kriegsgefangenen zuschulden kommen ließen. Die Schändung von Frauen durch Abschneiden der Haare, die nach archaischem Glauben magische Kräfte besaßen, wird bereits bei Tacitus für die Germanen als Bestrafung von Ehebrecherinnen beschrieben (Burkhart 2002).

Die finsteren Zeiten der Anwendung des Prangers sind längst vorbei. Und doch leben dieses Motiv und seine Verwendung heute in vielen Praktiken medialer oder elektronischer Darstellungen durch ehrenrührige Bloßstellung in der Öffentlichkeit fort. Wir erleben ein Wiederaufleben des Anprangerns zur Ergötzung des Publikums, zur Befriedigung seiner Sensationsgier und des Voyeurismus. Bei Straftätern oder fehlbaren, in Ungnade gefallenen Persönlichkeiten wird durch Veröffentlichungen von Namen und Bild, oft unter Missachtung des journalistischen Kodex, das Ansehen beschädigt. Neben der Freiheitsstrafe wird dadurch auch der soziale Tod bewirkt. Der Pranger ist für das Volk eine Möglichkeit, die Kehrseite unserer Identität auszuleben, die wir zugunsten eines positiven Selbstbildes unterdrückt haben: Missgunst, Neid, Eifersucht. Das Internet bietet Plattformen zur öffentlichen Bloßstellung und Beschimpfung wahrer und vermeintlicher Übeltäter an, indem man Namen, Fotos und Adressen verurteilter Täter im Netz veröffentlicht. Hinter der Brandmarkung anderer Menschen verbergen sich vielfältige Motive: Rachegefühle, Spaßbedürfnis, Kompensation von Unterlegenheitsgefühlen und Ausleben von Machtgelüsten (Burkhart 2002). Der Pranger ist ein Ventil für die Befriedigung von Schadenfreude, Sensationsgier, Missgunst und Sadismus.

1.2 Die Überwachung

„*Polonius:* Mein Fürst, er geht in seiner Mutter Zimmer.
Ich will mich hinter die Tapete stellen,
Den Hergang anzuhören; seid gewiss, sie schilt ihn tüchtig aus,

und wie Ihr sagtet,
und weislich war's gesagt, es schickt sich wohl,
dass noch ein andrer Zeug' als eine Mutter,
die von Natur aus parteiisch, ihr Gespräch
im Stillen anhört. Lebet wohl, mein Fürst,
Eh' Ihr zu Bett geht, sprech ich vor bei Euch
und meld Euch, was ich weiß.
König: Dank, lieber Herr."
(Shakespeare: „Hamlet, Prinz von Dänemark")

Aufgrund der Fortschritte technischer Erfassungs- und Transportmöglichkeiten entwickelt sich eine Überwachungsgesellschaft, die alles registriert und der Privat- und Intimsphäre entzieht. Alles kann mitgesehen und mitgehört werden. Das Gebot einer totalen Transparenz setzt sich immer stärker durch. Die Sinnesorgane, vor allem Auge und Ohr, sind die rezeptiven Funktionsträger des sozialen Lebens. Was man sieht und hört und was man zeigt und sagt, gelangt zu sozialer Wirkung: das Private, das öffentlich gemacht, und das Öffentliche, das privat wird. Ein Beruf, der diesen Transportdienst zum Kern seines Auftrages macht, ist die Spionagetätigkeit. Er erfüllt diesen Dienst geheim. Das Arbeitsinstrument der Spionage ist das Schlüsselloch. Sie interessiert sich vor allem für das Heimliche, in den puritanischen Kulturen insbesondere für das erotisch-sexuelle Leben. Die Verteuflung der Sexualität ging in der Geschichte oft mit einem Anwachsen der sexuellen Neugier einher, ganz im Sinne Wilhelm Buschs: „Wir verbergen unser Gelüsten hinter sittlichem Entrüsten." Dies ist nicht erst ein Merkmal unserer Zeit.

Im Paris des 18. Jahrhunderts mussten die Bordellinhaberinnen alles, was sie in ihren Etablissements sahen und hörten, minutiös, mit Namen, Daten und anderen Details, in ihren periodischen Berichten für die Polizei festhalten. Durch die Veröffentlichung einer Auswahl dieser Berichte aus den Polizeiarchiven wissen wir über die damaligen Sitten fast mehr als über die heutigen. Schon zu Anfang des 18. Jahrhunderts gab es enge Beziehungen zwischen der Polizei und der Prostitution. Der eigentliche Erfinder der Bordellspionage war Berryer, zwischen 1747 und 1757 Polizeipräfekt von Paris. Er kam damit einem Wunsch der Madame Pompadour entgegen, die dem König durch tägliche Berichte über die Ereignisse in den Freudenhäusern und die daraus folgenden Affären ein Amüsement verschaffen wollte. Mit der Überwachung der Dirnen und Kupplerinnen, der Vergnügungen der Lebewelt und Halbwelt wurde der Inspektor Meusnier beauftragt. Er verpflichtete die Bordellinhaberinnen zur regelmäßigen Berichterstattung über die Vorkommnisse und den Klatsch in ihren Häusern, die bis auf die Stunde genau abgefasst sein mussten. Die berüchtigtste Berichterstatterin, die Kupplerin Dhosmont, berichtete etwa:

> „23. Juni: Um 8 Uhr habe ich Nanett zum Prinzen von Wurttemberg nach Passy geführt. Er hatte mir die Ehre erwiesen, mich brieflich um ein Landmädchen, keine andere, zu bitten. Ich habe Nanett als Bauerndirne verkleidet und sie für die Tochter eines Gärtners ausgegeben. Sie schlief bei dem Prinzen, der sie bat, nach zwei Tagen wiederzukommen, ohne es mir mitzuteilen."
> (Capon 1903, zit nach Dühren 1904, 110 ff)

Meusnier fertigte aus solchen Berichten seine fraglichen Rapporte an, die – vom Polizeipräfekten durchgesehen – Ludwig XV. zum Frühstück vorgelegt wurden. Der Nachfolger von Meusnier ab 1757, Louis Marais, war nach seiner eigenen Einschätzung „der Schrecken aller Stutzer und Wüstlinge". De Gartines waltete als Polizeipräfekt von Paris ab 1759 wie ein Großinquisitor, wie er genannt wurde, und „wollte alles sehen, weil er alles wissen wollte, und verbot alles, um alles erlauben zu können". Die Prostitution nahm unter ihm einen ungeheuren Aufschwung. Der anonyme Autor der „Mystère de la Police" schrieb zu Anfang des 19. Jahrhunderts für diese Zeit:

> „Es gibt eine Hand, die alle Fäden der Unzucht vereint, einen Mittelpunkt, auf den sie hinlaufen: das ist die Polizei, die Polizei, die sie beobachtet und begünstigt, die sich des Lasters für ihre geheimen Zwecke bedient, die für die Könige und die Großen die Kupplerin spielt, in gefälliger Vermittlung und geschickter Herbeischaffung, die den Kleinen nur als befehlende Herrscherin erscheint, deren scharfes Auge bis in die dunkelsten Winkel dringt und gehorsam, stummen Gehorsam heischt." (Capon 1903, 150 ff.; Manuel 1791, 359)

In der modernen Zivilisation können unsere persönlichen
Daten überall und jederzeit mit den subtilen Mitteln der In-
formationstechnologie erfasst und unbegrenzt genutzt werden. Staat und Wirtschaft machen ausgiebig davon Gebrauch,
und wir reichern als Kunden die immensen Datenpools mit
unseren Einkaufsdaten an. Wir hinterlassen tausend Spuren,
ohne uns dessen bewusst zu sein. Wenn wir Internet, Handy,
Kreditkarten oder Bonuskarten benutzen, werden unsere Auf-
enthaltsorte, Kontakte und unser Konsumverhalten gespeichert. Unsere Privatsphäre löst sich weitgehend auf durch die
Wucherungen des Internets mit seinen unkontrollierten Da-
tenströmen, spionierenden Computerviren, durch die heimliche Überwachung des E-Mail-Verkehrs am Arbeitsplatz,
Sammeln von Gesundheitsdaten der Patienten, Videoüberwa-
chung öffentlicher Orte und auch die digitalen, über Handys
verschickten Bilder, die Einführung von einheitlichen Per-
sonennummern für jeden Bürger und Einträge biometrischer
Daten in den Pass. Mit Biometrie, einer der neuen Informa-
tionstechniken, werden Körpermerkmale eines Menschen ma-
thematisch beschrieben und damit für die Datenverarbeitung
nutzbar gemacht. Neben dem altbekannten Fingerabdruck
werden die Augeniris, die Handform, die Gesichtsproporti-
onen, die Gangart oder die Stimme erfasst und für die Com-
puteranalyse nutzbar gemacht.
    Viele Personen lassen es unbekümmert zu, dass mit Hilfe
solcher und anderer Techniken Teile ihres Privatlebens nach
außen gekehrt werden. Der gläserne Mensch ist ihnen zur
Selbstverständlichkeit geworden. Diese Entwicklung leistet
auch der Ansicht Vorschub, dass Medien ungehindert Zugang
zu privaten Daten haben und diese an die Öffentlichkeit bringen können. Prominente finden ihr tägliches Tun in den Medien
ausgebreitet. Die Boulevardisierung verstärkt die zunehmende
Auflösung der Grenzen von Öffentlichkeit und Privatheit.
Viele Bürgerinnen und Bürger gehen selbst sorglos mit der eigenen Privatsphäre um und stellen sich unter Bekenntniszwang
in exhibitionistischen Fernsehsendungen wie Big Brother vor
die Kamera. Dieser Freimut senkt die Hemmschwelle der Medien für den Angriff auf das Private.

1.3 Stigma

Der Begriff „Stigma" stammt aus der Antike und ist von seinem Bedeutungsgehalt her ein sichtbares Zeichen der Schande. Mit Stigma wurden so unterschiedliche Dinge wie die am Griffelende sitzende Narbe der Blüten, die Wundmale Jesu, die Atemöffnung von Tausendfüßlern bezeichnet (d.t.v. Lexikon 1999). Noch am Anfang des 17. Jahrhunderts bedeutete Stigma ein Zeichen, das den Sklaven und Verbrechern zur Beschimpfung eingebrannt wurde, oder eines der fünf Wundmale Christi (Ethymologisches Wörterbuch des Deutschen 1993). Seit der zweiten Hälfte des 19. Jahrhunderts wird darunter im übertragenen Sinn „Kennzeichen", „Merkmal", „Schandmal" verstanden.

Die Griechen schufen den Begriff „Stigma" als Verweis auf körperliche Zeichen, die dazu bestimmt waren, etwas Ungewöhnliches oder Schlechtes über den moralischen Zustand des Zeichenträgers zu offenbaren. Die Zeichen wurden in den Körper geschnitten oder gebrannt und taten öffentlich kund, dass der Träger ein Sklave, ein Verbrecher oder Verräter war – eine gebrandmarkte, rituell für unrein erklärte Person – die gerügt werden sollte, vor allem auf öffentlichen Plätzen. In unserer Vorstellung wird die stigmatisierte Person von einer intakten und unauffälligen Person zu einer befleckten und beeinträchtigten herabgemindert (s. Goffman 1963).

Drei Stigmatypen sind zu unterscheiden: Stigma durch angeborene Merkmale, durch Krankheit oder durch Zugehörigkeit zu einer Minderheit. Menschen mit angeborenen Stigmata lernen von früher Kindheit an, mit der Reaktion der Umwelt umzugehen. Erfolgt die Beschädigung der Identität erst später, wird das stigmatisierte Individuum dazu neigen, sich zu missbilligen, weil die Vorurteile der Normalen bis dahin Teil seiner eigenen Identität gewesen sind. Das Bewusstsein von Vorbehalten und Vorurteilen führt dazu, dass es versucht, das Stigma, etwa die Krankheit oder eine Strafmaßnahme, so gut wie möglich zu verbergen. Es lebt in dauernder Sorge, entdeckt und diskreditiert zu werden. Wenn es den Makel verbirgt, um die soziale Ächtung zu verhindern, erlebt es immer wieder, dass

Vorbehalte und Vorurteile im informellen Gespräch schamlos geäußert werden.

Es ist eine Grundvoraussetzung menschlichen Zusammenlebens, dass man sich auf die Berechenbarkeit des Verhaltens der anderen verlassen kann. Deshalb wird abweichendes Verhalten mit Sanktionen belegt und oft mit Ausschluss aus der Gruppe bestraft. Wer stigmatisiert ist, muss einen Weg finden, das Stigma zu bewältigen – mit dem Ziel, die beschädigte Identität zu heilen, das angeschlagene Selbstbewusstsein zu stärken oder wiederherzustellen und mit den Vorurteilen anderer oder der Diffamierung durch diese einen vorteilhaften Umgang zu finden. Oft zeigt sich, dass ein Teil des eigenen Leidens an der Stigmatisierung darin besteht, dass die Vorurteile der anderen geteilt und auf sich selbst angewendet werden. Eine solche Erkenntnis ist oft ein erster Schritt zur Befreiung und der Wiedererlangung von Selbstachtung vor sich selbst.

1.4 Das Gerücht

„Gerüchte sind wie Falschgeld. Rechtschaffene Menschen würden sie natürlich niemals erfinden, aber sie geben sie bedenkenlos weiter." Napoleon soll dies gesagt haben. Es macht uns bewusst, dass wir alle bei der Verbreitung von Gerüchten mitwirken. Wir alle sind Mittäter, weil es uns nie gelingen kann, eine Nachricht ganz wahrheitsgetreu weiterzugeben. Es fängt schon damit an, dass wir oft selektiv wahrnehmen, und Wahrnehmung wird manchmal auch von Gefühlen beeinflusst, von Neid, Eifersucht, Hass etc. Wenn wir uns z.B. über unsere Rivalen und Feinde äußern, neigen wir dazu, das zu sehen, was wir sehen möchten und unserer Erwartungshaltung entspricht. Vor allem Boulevardmedien lassen gern Gefühle sprechen und thematisieren mit Vorliebe Ereignisse, die emotionalisieren, die den Gefühlshunger zuerst stimulieren und dann befriedigen. Solche Themen werden möglichst spektakulär aufbereitet, um Trauer, Wut, Neid, Empörung oder auch Freude, Rührseligkeit oder Mitleid auszulösen. Informationen, die durch Bild und Wort massenmedial verbreitet werden, fallen auf einen vorbereiteten emotionalen Resonanzboden und verbreiten sich in alle Richtungen im gesellschaftlichen Organismus.

Das Gerücht steht in enger Beziehung zum Klatsch. Dieser fördert ein Gefühl der Zusammengehörigkeit. Es schweißt die Menschen durch Fokussierung von deren Aufmerksamkeit auf ein irritierendes Thema zusammen, das die Aufmerksamkeit für eine Weile auf sich zieht, bis das Rätsel gelöst oder ein Meinungskonsens erzielt ist. Im Unterschied zu einer zweifelsfreien Nachricht lässt das Gerücht Spielraum für eigene Bewertungen, Deutungen und Spekulationen. Es hält dadurch die Aufmerksamkeitsspannung und das Interesse am weiteren Verlauf der Geschichte wach. Ein Gerücht ist zunächst eine Tatsachenbehauptung. Diese wird trotz ungewisser Faktizität geglaubt und verbreitet. Es kann auch im Gewand einer Meinungsäußerung daherkommen. Die Quelle ist bekannt oder unbekannt, Initiierung und Verbreitung bald vorsätzlich, bald fahrlässig, etwa aufgrund eines Missverständnisses.

Ob eine Nachricht geglaubt wird, hängt stark von der Prädisposition des Empfängers ab. Gemäß Festingers berühmter Theorie über die kognitive Dissonanz wollen wir neue Erfahrungen und Informationen mit unserer eigenen persönlichen Einstellung in Übereinstimmung sehen oder in Einklang bringen. Unsere Wahrnehmungen werden maßgeblich von der eigenen Biografie beeinflusst, von Vorurteilen, von Stereotypen, von Meinungen, die unser unmittelbares Umfeld geprägt hat. Gemäß einer kognitiven Ökonomie ermöglichen solche bereits schon vorgefassten und vorbestehenden Ansichten eine schnelle und billige Entscheidung, oft auf Kosten der Richtigkeit und Objektivität. Informationen werden von einem bereits vorhandenen Wertesystem aufgefangen, das diese in Sekundenbruchteilen einordnen muss. Unser Bedürfnis nach Orientierung und Ordnung bestimmt die Programmierung des Gehirns, das auch ein möglichst stabiles und verlässliches Wertesystem etabliert. Aus diesem Grund sind Vorurteile und Klischees besonders geeignet für die Entstehung von Gerüchten. Sie bedienen das menschliche Bedürfnis, auch lückenhafte Beobachtungen oder Meldungen zu interpretieren und kategorisieren, Informationslücken mit Spekulationen zu schließen. Für die Beteiligung an Gerüchten gibt es viele Motive: das unbewusste Bedürfnis, die eigenen Vorurteile zu bestätigen; der Wunsch, unterdrückte Aggression auszuleben; die Lust, mit Wissen zu renommieren; der Spaß am Smalltalk; der Drang, Informationslücken auszufüllen; Sensationsgier; Schadenfreude.

Gerüchte haben dann eine Chance der Verbreitung, wenn sie 1. Wünsche befriedigen *(Wunschgerüchte)* oder 2. als Ventil für die Lösung psychischer Konfliktspannung dienen können *(Aggressionsgerüchte)* oder 3. einer unterschwelligen Angst entsprechen und deshalb eine kathartische Wirkung haben können *(Angstgerüchte)* (Scheele 2006, 142). Das Bedürfnis nach Abbau einer Spannung und Überwindung von Ungewissheit kann so stark sein, dass man lieber eine negative Nachricht in Kauf nimmt, als den quälenden Zustand zu belassen. Ein Angstgerücht kann so eindrucksvoll empfunden werden, dass die üblichen Kriterien für die Einschätzung von Plausibilität und Glaubwürdigkeit ignoriert werden. Die Teilhabe an einem Gerücht kann eine angstmindernde Nähe zu Mitmenschen erzeugen und beängstigenden Ereignissen einen Sinn verleihen. Ein Gerücht kann auch zur sich selbst erfüllenden Prophezeiung werden, indem ein Opfer dieses Gerüchts beginnt, sich so zu verhalten, wie das Gerücht es beschreibt (Scheele 2006). Ein Gerücht ist oft nur schwer zu tilgen. Im Unterschied zum Computer, in welchem man die gespeicherten Informationen löschen kann, bleibt die Information im menschlichen Gehirn gespeichert. Die Informationsverarbeitung im menschlichen Gehirn geht kumulativ vor sich. Das Dementi einer Fehlinformation führt nicht zu deren Löschung. Es bleibt immer etwas hängen.

1.5 Der Drang ins Rampenlicht

Das Medienzeitalter ist gekennzeichnet durch eine zunehmende Vermischung von alltäglicher und medialer Realität. Der Showcharakter des Daseins wird immer stärker. Die Politik liefert sich immer mehr dem Showbusiness aus. Eine immer dichtere Symbiose von Politik und Unterhaltungsgewerbe hat sich entwickelt. Medientauglichkeit wird zunehmend zum Rekrutierungskriterium für politischen Nachwuchs. Entsprechend ist auch eine Orientierung der Interessen der Öffentlichkeit auf äußere Werte entstanden: Form statt Substanz, Person statt Sache, Effekt statt Wirkung, Konflikt statt Kompromiss, Verpackung statt Inhalt, Auftritt statt Auftrag. Die Politik hat sich über das Entertainment in Infotainment und Politainment verwandelt.

Politik wird vom vermeintlich Wesentlichen auf prägnante Floskeln und Äußerlichkeiten reduziert. Es wird eine Politik der Selbstinszenierung und des Verwischens von Schein und Sein betrieben. Politainment bezeichnet eine Form der öffentlichen Kommunikation, in der politische Themen, Akteure und Sinnentwürfe im Modus der Unterhaltung zu einer neuen Realität des Politischen montiert werden (s. Dörner 2001). Sie tritt als unterhaltsame Politik und als politische Unterhaltung auf. Nach den Regeln einer Bühneninszenierung ist die professionelle Vermarktung der Politik in den Medien zum konstitutiven Bestandteil des politischen Systems geworden. Politiker greifen auf Stilmittel der Unterhaltungskultur zurück, um Macht zu erwerben und zu erhalten. Die Unterhaltungsindustrie verwendet politische Figuren und Geschehnisse, um ihre Produkte interessant zu machen und im massenmedialen Markt Aufmerksamkeit zu erringen. Die Talkshow ist die zentrale Einrichtung des Politainments, wo Politiker ihre Wahrnehmbarkeit sicherstellen und Öffentlichkeitsmacht erzeugen. Die Ausstrahlung, das Charisma der politischen Protagonisten ist in der Medienwelt ein entscheidender Faktor geworden.

Die Mediendemokratie richtet ihren Blick nicht in erster Linie auf Argumente, sondern auf Menschen, die ein Thema verkörpern; auf markante Bilder und nicht auf langatmige programmatische Erklärungen. Die Teilnehmer von Talkshows befriedigen ihre Eitelkeit durch Selbstthematisierung. Die öffentliche Show wird aber auch bedrohlich, weil das Auge des Publikums jede Regung erfasst, analysiert und benotet. Der Zwang zur medialen Aufbereitung verbindet sich oft mit puritanischen Zügen, dem Ritual der moralischen Seelenarbeit

vor großem Publikum mit zerknirschten Reue-Gesten, Einge-
ständnissen von Fehltritten und öffentlicher Bußfertigkeit.

Bei vielen Künstlerinnen und Künstlern ist Öffentlichkeit
einerseits Lebenselixier, andererseits Grundlage wirtschaftlichen
Wohlergehens. Seit dem inflationären Wachstum von Lokalsendern ist aber die Präsenz im Rampenlicht der Öffentlichkeit auch
bei breiten Bevölkerungsschichten, die nicht von Berufes wegen
darauf angewiesen sind, ein vorrangiges Lebensziel. Die jün-
gere Generation besitzt eine neuartige Medienkompetenz und
ist gewissermaßen mediensozialisiert. Generell ist festzustellen,
dass mediale Realität immer mehr Teil von Alltagswirklichkeit
geworden ist und beide Bereiche einander osmotisch durchdrin-
gen und weniger voneinander zu unterscheiden sind.

Die Präsenz in der Öffentlichkeit war früher schon mit einem
hohen Prestige verbunden, denn sie galt als Ausweis für Kompetenz. Die teilweise künstlich hochgepuschten Stars repräsentieren die Aufstiegshoffnungen von Millionen Menschen, die
dem Mittelmaß ihres Lebens entrinnen möchten. Sie erkennen
oft nicht, dass sie für mediale und kommerzielle Bedürfnisse
instrumentalisiert worden sind. Ihre Erfahrungen im Licht
der medialen Aufmerksamkeit führt zu dem Wunsch, diese zu
wiederholen und sich als Prominenz dauerhaft zu etablieren.
Sie wollen ihren Prominenzpegel halten und sind bereit, Qua-
litätsverluste und Unbilden in Kauf zu nehmen, um nicht in
Bedeutungslosigkeit zurückzusinken. Bei Jugendlichen wächst
die Prominenz nicht organisch – das Wachstum wird künstlich
beschleunigt und führt zu Ruhm ohne angemessene Leistung,
zu Prominenz ohne Eminenz. Sie lassen sich gerne vom Wunsch
leiten, lieber ein Medienopfer und prominent als unbedeutend
und völlig unbekannt zu sein.

1.6 Mobbing

Zwischen Mobbingopfern und Medienopfern gibt es Parallelen. Vor allem Medien*kampagnen* tragen Züge von Mobbing.
Mit Mobbing werden schwere und meist langwierige Konflik-
te am Arbeitsplatz oder an Ausbildungsstätten bezeichnet. Im

Unterschied zum Medienopfer erkennen Mobbingopfer das Mobbing oft lange nicht. Sie suchen oft erst nach jahrelangen Mobbingerfahrungen ärztliche oder psychotherapeutische Behandlung auf. „Mobbing" oder „mobben" bedeutet im engeren Sinn, jemanden anpöbeln oder über jemanden herfallen. Ein Merkmal des Mobbings, das es von anderen Arbeitskonflikten unterscheidet, ist das Ausgrenzen bei ungleichem Kräfteverhältnis, etwa eines Angestellten durch den Vorgesetzten oder durch mehrere Kollegen. Ferner handelt es sich nicht um bloß einzelne Vorfälle, sondern um ein systematisches, oft tägliches Vorgehen über einen langen Zeitraum. Der Betroffene wird z. B. vom Vorgesetzten ungewöhnlich häufig kritisiert, er wird auch für gute und sogar überdurchschnittliche Leistungen nicht gelobt und honoriert, möglicherweise sogar wie Luft behandelt. Wichtige Angelegenheiten werden in seiner Abwesenheit besprochen, er wird zu privaten Zusammenkünften und Feiern nicht eingeladen. Er wird entweder mit unattraktiven Arbeitsaufträgen überhäuft oder erhält zu wenig Arbeit, so dass er sich nutzlos und überflüssig fühlt.

Menschen, die längere Zeit einem Mobbing ausgesetzt sind, entwickeln tiefe Gefühle der Verunsicherung und Angst vor Ablehnung, Fehler zu begehen und den Anforderungen nicht zu genügen. Sie leiden oft an innerer Unruhe, Schlaf- und Konzentrationsstörungen. Oft treten körperliche Symptome auf wie Kopfschmerzen, Magen-Darm-Beschwerden, kommen vegetative Beschwerden wie Schweißausbrüche, Appetitlosigkeit oder Esssucht hinzu. Dadurch kann es zu einem Teufelskreis kommen, weil diese Beeinträchtigung der Gesundheit oft einen realen Leistungsabfall bewirkt, der die Versagensängste verstärkt. Die Entwicklung mündet oft in Existenzangst mit manchmal panikartigen Angstanfällen. Sie greift auch auf das Privatleben über: Das Mobbing und dessen Auswirkungen werden zum beherrschenden Thema, was schwere Zerwürfnisse in der Familie und im Freundeskreis auslösen kann. Die Angehörigen leiden einerseits mit, fühlen sich aber mit der Zeit durch die anhaltende Missstimmung überfordert, entwickeln ebenfalls gesundheitliche Beschwerden und Leistungsversagen. Dadurch sehen alle Beteiligten auch ihr Privatleben beeinträchtigt oder gar zerstört. Die Ursachen von Mobbing sind vielfältig. Oft tragen folgende Faktoren zu seiner Entstehung bei:

- schlechtes Betriebsklima,
- drohender Verlust des Arbeitsplatzes, dadurch ausgelöste Existenzängste,
- Arbeitsüberlastung oder im Gegenteil Unterforderung bei der Arbeit,
- Führungsprobleme,
- Kommunikationsstörungen,
- ungenügende Konfliktbewältigung,
- Mangel an sozialer Kompetenz,
- erhöhte Kränkbarkeit.

Die Behandlung von Mobbingopfern hat zum einen Linderung der Symptome etwa durch Entspannungsübungen, Selbstsicherheits- und Problemlösetraining, Bewegungs- und Sporttherapie zum Ziel. Zum anderen werden die arbeitsplatz- und persönlichkeitsbezogenen Ursachen gesprächstherapeutisch bearbeitet: durch Analyse der Arbeitsplatzprobleme, Erkennen der Eigen- und Fremdanteile am Arbeitsplatzkonflikt.

1.7 Prominenz

Es gab schon immer die Strahlenden und Gefeierten, denen die Sinne und die Herzen nur so zuflogen. Und immer schon waren es andererseits die Vergessenen, die Übergangenen, deren Wert verkannt wurde. Die Aufmerksamkeit der Menschen war immer von vielen begehrt wie eine Droge. Ruhm stand über der Macht, Reichtum verblasste neben der Berühmtheit. Noch nie gab es aber so viel Prominenz wie heute und einen Rummel um bekannte Namen und Gesichter. Diese inflationäre Entwicklung von Prominenz wurde nach Ablösung handwerklicher Publikationstechniken durch die sog. Kulturindustrie möglich (s. Horkheimer / Adorno 1988). Diese begann, die Präsenz und die Attribute von Individuen technisch zu vervielfältigen. Sie brachte die Reproduktionen auf jede Plakatwand, in jede Zeitschrift und in alle Wohnstuben. Durch die neuartigen

Streuungskräfte, die mit der Erfindung der Fotografie und der Nachrichtentechnik im 19. Jahrhundert aufkamen, wurde die Ökonomie der kollektiven Aufmerksamkeit grundlegend umgestaltet. Die gesellschaftliche Wahrnehmung von Personen und ihren Leistungen wurde revolutioniert, die Bedingungen für politische und kulturelle Beachtung und damit auch Karriere radikal verändert. Elite wurde durch Prominenz ersetzt. Prestige und Aura von Autoritäten, Helden und Stars erklären sich immer weniger durch hohe Herkunft, begnadetes Talent und große Taten. Der Lorbeer der Berühmtheit wird immer weniger durch besondere Orginalität oder übermäßige Anstrengung erworben, sondern durch das Zusammenrücken der Kulturindustrie mit dem Publikum.

Werbung und Kommunikationssysteme sind maßgeblich für die Produktion von Prominenz verantwortlich. Der Wert der Individuen richtet sich nach dem teils durch die Werbung manipulierten Urteil der Umwelt und pendelt sich wie ein Marktpreis ein. Die Medienindustrie, zumal die Werbebranche, hat die Fähigkeit, massenhaft gespendete Aufmerksamkeit zu bündeln und sie auf einzelne Personen zu richten. Soziale, politische und kulturelle Erscheinungen werden auf Einzelindividuen projiziert, um das rare Gut der Aufmerksamkeit des Publikums in den Bann zu ziehen.

Das Publikum spielt eine entscheidende Rolle in der Genese von Prominenz. Denn Berühmtheit ist primär ein durch dessen Bedürfnisse und Interessen konditioniertes soziales Konstrukt. Sie ist heute nur selten durch die Leistung bestimmt, sondern durch die Aufnahme beim Publikum. Der Zufall, die richtige Wirkung zur richtigen Zeit, ist oft entscheidend. Erst die modernen Reproduktionstechniken der Presse, des Rundfunks, des Tonfilms, des Fernsehens und des Internets vermochten die Masse anonym gespendeter Aufmerksamkeit so zu bündeln, dass sie den Persönlichkeitskult in unserem Jahrhundert zum Massenphänomen werden ließ. Prominenz wird zunehmend als Gegenstand der Vermarktung verstanden. Die Attraktivität des Namens, des Bildes und der Stimme eines Prominenten entwickelt sich immer mehr zur verwertbaren ökonomischen Ressource.

1.8 Die Wandlung des Medienstils

Früher war der Habitus journalistischer Expressivität steif, bieder und brav. In den letzten Jahrzehnten ist eine Versinnlichung der Publizistik erfolgt. 1968, 1980 und 1989 waren Wegmarken des Aufbruchs der liberalen Gesellschaft, eines Aufstandes der Sinne, der Pluralisierung der Kultur. Dies hatte das Aufkommen einer aktionistisch-emotionalen Publizistik zur Folge. Wir beobachten ein Überhandnehmen der Emotionspublizistik, der Gefühlsstimulation statt fachgerechter Information, der Dramatisierung des Gewöhnlichen und Banalisierung des Abnormen. Der Medienstil hat sich in eine aggressiv verletzende Publizistik verwandelt. Die Boulevard- und Sensationsmedien betreiben immer mehr Hexenverbrennungen und Kopfjägerei bis hin zum Bluthundjournalismus. Sie frönen der Lust an Schlammschlachten und am Rufmord und üben sich recht eigentlich im Hinrichtungsjournalismus. Folgende Merkmale kennzeichnen den Sensationsjournalismus:

- Skandalisierung der privaten Verhältnisse,
- Personalisierung der Politik,
- übersteigerte Moralisierung,
- übertriebener Betroffenheitskult,
- Bevorzugung von Themen für Sensationslüsterne,
- aggressiver Tonfall,
- Appell an die niedrigsten Instinkte zum alleinigen Zweck des Profits,
- Missbrauch von Menschen als Rohstoff für Sensationsproduktionen,
- allein durch Geldgier motivierte Jagd nach optischer Sensation,
- systematische Missachtung des Intimbereichs und Einbruch in die privatesten Winkel.

Bevorzugt behandelte Themen sind Gewalt, Inzest, Kunstfehler, Sexskandale, Ehebruch, Bestechungsaffären, Bedrohungssituationen, Unglücksfälle und Verbrechen. Sie müssen gefühlstauglich sein, zur Spannungserzeugung geeignet durch Erzähldynamik und Bildmaterial. Die Medien sind auf Dramatisierung festgelegt. Sie suchen sich dafür Täter und Opfer

als Figuren eines moralischen Lehrstücks. Der Boulevardjournalismus ist nicht grundsätzlich böser Journalismus. Sein Spiel
auf allen Gefühlsskalen hat etwas Beliebiges und Charakter-
loses. Es ist ihm gleich, welcher Art die Gefühle sind, die er
evoziert – Hauptsache, es *sind* Gefühle: Empörung, Entrüstung, Enttäuschung, Trauer, Wut, Rührseligkeit, Verwunde-
rung, Freude, Begeisterung, Neid. Sehr wichtig sind dabei die
Bilder. Mit dem Aufkommen des Sensationsjournalismus ging
auch eine *ikonische Wende* einher, eine neue Bilderflut als Über-
gang von der Schriftlichkeit zur Bildersprache. Bilder erzielen
stärkere und nachhaltigere Wirkungen als Worte. Die Über-
zeugungskraft der Bilder wird daher bevorzugt eingesetzt. Fotos und Bilder erzielen folgende besondere Effekte:

- Sie wecken die Aufmerksamkeit effektiver als die Sprache.
- Sie brennen sich der Erinnerung stärker ein.
- Sie scheuchen Affekte rascher auf.
- Sie bringen den moralischen Menschen in uns leichter auf Trab.
- Sie schockieren stärker als Texte.
- Sie haben einen appellativen Charakter.
- Sie mahnen und rütteln auf.

2 Das Medienopfersyndrom

2.1 Die Kategorien der Medienopfer

Mit Medienopfer bezeichne ich Menschen, die von einer aggressiven, verletzenden Publizistik beschädigt wurden. Es sind Politiker, Sportler, Straffällige, Künstler, Wissenschaftler und deren Angehörige sowie auch einfache Bürger und Bürgerinnen, die im Rampenlicht der Öffentlichkeit bloßgestellt, schlecht gemacht, entwürdigt worden sind. Aus der nüchternen Sicht des Psychologen ist es zunächst nicht von Belang, inwieweit die aggressive Medienaktivität moralisch und juristisch begründet war. Die Verletzungen können unabhängig von der moralischen und rechtlichen Beurteilung betrachtet und behandelt werden, ebenso wie ein Chirurg eine klaffende Körperwunde nach einem Messerstich ohne Vorbehalt diagnostiziert und behandelt. Auch inwiefern Selbstverschulden vorliegt, ist weitgehend von untergeordneter Bedeutung für die sachlich-deskriptive Beschreibung der Verletzungsart. Die Medienopfer kann man im Sinne einer pragmatischen Einteilung in folgende Kategorien aufteilen:

- Paparazziopfer
- Outingopfer
- Lügen- und Falschdarstellungsopfer
- Tribunalisierungsopfer
- Verhöhnungsopfer
- Instrumentalisierungsopfer
- Stigmatisierungsopfer
- Ignorierungsopfer
- Desorientierungsopfer
- Oberflächlichkeitsopfer

2.1.1 Paparazziopfer

Beispiel 1: Das falsche Bein amputiert. Der Chefarzt einer chirurgischen Abteilung bemerkte am Ende eines chirurgischen Eingriffes, dass er durch einen Aufmerksamkeitsfehler bei der Vorbereitung der Operation dem Patienten das falsche Bein amputiert hatte. Noch bevor er seine vorgesetzte Behörde informieren konnte, hatte sich die Nachricht über dieses fatale Missgeschick wie ein Lauffeuer im lokalen und nationalen Blätterwald und Medienmilieu verbreitet. Den ganzen Nachmittag bis tief in die Nacht beantwortete er unzählige Fragen, gab Stellungnahmen ab, gab Richtigstellungen, beantwortete Ergänzungsfragen und überprüfte die ihm von Journalisten vorgelegten, zu Papier gebrachten Aussagen. Unter dem Druck des medialen Ansturms lief sein ganzes Arbeitsprogramm aus dem Ruder. Er vernachlässigte einige wichtige Pflichten und unterließ es auch, für einen Stellvertreter zu sorgen. Als Folge der Unterlassung einer ärztlichen Nachvisite bei einem am selben Tag operierten Patienten erlitt dieser eine schwere Komplikation, die nicht rechtzeitig behoben werden konnte und bei ihm einen dauernden Schaden hinterließ. Der Chirurg sah sich bald darauf mit einer zusätzlichen Haftpflichtforderung konfrontiert.

Beispiel 2: „Brief von Natascha Kampusch". Gemeinsam mit ihrem Psychiater Max Friedrich hat die 18-jährige Natascha Kampusch, die achteinhalb Jahre in einem Kellerversteck nördlich von Wien festgehalten worden war, einige Tage nach ihrer Entlassung einen Brief verfasst. Damit wollte sie dem medialen Druck begegnen und falsche Informationen klarstellen:

> „Sehr geehrte Journalisten, Reporter, sehr geehrte Weltöffentlichkeit! Ich bin mir durchaus bewusst, welch starken Eindruck die Ereignisse der letzten Tage auf Sie alle gemacht haben müssen. Ich kann mir gut vorstellen, wie schockierend und beängstigend der Gedanke ist, dass so etwas überhaupt möglich ist. Ich bin mir ferner bewusst, dass Sie mir eine gewisse Neugier entgegenbringen und natürlich nähere Details über meine Umstände wissen wollen, in denen ich lebte.

Ich möchte Ihnen im voraus jedoch versichern, dass ich keinerlei Fragen über intime oder persönliche Details beantworten will und werde. Ich werde persönliche Grenzüberschreitungen, von wem auch immer voyeuristisch Grenzen überschritten werden, ahnden. Wer das versucht, kann sich auf etwas gefasst machen. Ich wuchs heran zu einer jungen Dame mit Interesse an Bildung und auch an menschlichen Bedürfnissen [...]

Botschaft an die Medien: Das einzige, wovor die Presse mich verschonen soll, sind die ewigen Verleumdungen meiner selbst, die Fehlinterpretationen, die Besserwisserei und der mangelnde Respekt mir gegenüber [...]

Intimfragen: Alle wollen immer intime Fragen stellen, die gehen niemanden etwas an. Vielleicht erzähle ich das einmal einer Therapeutin oder dann jemandem, wenn ich das Bedürfnis habe oder aber vielleicht niemals. Die Intimität gehört mir allein." (TagesAnzeiger, 29. August 2006, 12)

Definition: Paparazziopfer sind Opfer eines medialen Stalkings. Es sind Menschen, die von Medienschaffenden verfolgt, belagert, umstellt werden. Sie sind der Daueraufmerksamkeit ausgesetzt, müssen rund um die Uhr Rede und Antwort stehen, ihren Urlaub abbrechen, werden nachts aus dem Schlaf geweckt. Wenn sie nicht parieren oder sich der medialen Aufmerksamkeit verweigern, setzen sie sich dem Verdacht aus, sie hätten etwas zu verbergen, ihre Aufgabe nicht im Griff. Nichtreaktion wird als Schuldeingeständnis interpretiert.

Folgen und Symptome: Die Paparazziopfer leiden an einer akuten Belastungsreaktion. Sie geraten in einen Zustand der Überforderung, Übermüdung und Erschöpfung, vernachlässigen Alltags- und Routinearbeit, begehen Fehlleistungen. Es kommt daher zu einer zunehmenden medialen Aufmerksamkeit und Belastung. Dadurch stellt sich ein Circulus vitiosus ein mit einer Eskalation des Versagens, einer Kettenreaktion von Fehlleistungen.

Die Medienmotive und Ursachen: Beweggründe und Umstände, die Medienschaffende zu Paparazzi werden lassen, sind vielfältig:

- Pflichterfüllung unter Zeitdruck,
- Frustrationsintoleranz,
- Jagd nach Erstinformation für eine Zeitung,
- dialogischer Stil, Katz- und Mausspiel,
- Pflicht zur Bestätigung,
- Rechtzeitigkeit,
- die Vielzahl der Medien, die auf Authentizität bedacht sind.

2.1.2 Outingopfer

Beispiel 1: Die entlarvte Spielsucht. Ein aus Spanien stammender 23-jähriger Mann wurde nach einem strengen Auswahlverfahren in eine Polizeischule aufgenommen. Zwei Wochen später hatte er als Zeuge in einem Gerichtsprozess auszusagen, bei dem ein spielautomatensüchtiger Freund von ihm wegen eines Raubüberfalls angeklagt war. Er erklärte den Richtern, dass er vor Jahren selbst einmal eine Lebensphase hatte, in der er süchtig an den Spielautomaten spielte. Ein Journalist schrieb in der Gerichtsberichterstattung, dass ein „aus Spanien stammender Polizeiaspirant, der soeben die Ausbildung angefangen hat, den Richtern auf eindrückliche Weise seine eigene Spielsucht erläutert" habe. Einige Tage darauf wurde der Mann vom Schulleiter gerufen und als für den Polizeiberuf untragbares Risiko von der Schule gewiesen.

Beispiel 2: Wiederholt abgetrieben. Eine Studentin nahm an einer Fernsehdiskussionsrunde über ein Gesundheitsproblem teil. Sie fiel durch bemerkenswerte Offenheit und Zivilcourage auf. Deshalb wurde sie in der gleichen Woche noch zu einer Talkshow eines anderen Senders eingeladen, zu der auch Zuschauer zugeschaltet wurden. Eine ihr feindlich gesinnte, ehemalige Studien- und Wohnkollegin rief in der Sendung an, machte ihr Vorwürfe, verriet, dass sie schon wiederholt illegal abgetrieben, eine Zeitlang in einem Escort-Service mitgearbeitet habe, um ihr Studium zu finanzieren, und schließlich, dass eine Studienarbeit von ihr vor einiger Zeit trotz mangelhafter Qualität nur deshalb angenommen worden sei, weil der Studienexperte einmal ihre Dienste im Escort-Service in Anspruch genommen habe. Sie geriet in der Sendung ins Stocken, verlor die Fassung und reagierte kurz nach der Sendung im Studio mit einem Hyperventilationsanfall. In den folgenden Tagen wurde sie von den Boulevardmedien mit den Anschuldigungen konfrontiert und aufgefordert, ihre Kandidatur für ein Amt und ihre Bewerbung für eine Teilzeitstelle zurückzuziehen. Sie wurde zum Gespött ihrer Umgebung, von Verwandten und Bekannten gemieden, hatte fortlaufend Angstzustände und Hyperventilationsanfälle. Es dauerte ein halbes Jahr, bis die Anschuldigungen der Prüfungserschleichung ausgeräumt waren.

Beispiel 3: Das Sündenregister der jungen Krankenschwester. Eine junge Krankenschwester nahm an einer populären Quizsendung teil. Da sie schwierige Fragen wiederholt prompt, ohne zu überlegen, beantwortete, wurde sie verdächtigt, sich die Antworten von einem Komplizen beschafft zu haben. Dies löste Recherchen über ihre Beziehungen und Diskussionen in den Medien aus. Auch an den Lokalsendern meldeten sich viele Zuschauer und Hörer und deckten ihr Sündenregister auf. Es wurde bekannt, dass sie an Bulimie litt, wegen Ladendiebstahls schon zweimal verurteilt worden war und auch schon illegal abgetrieben hatte, Leasing- und Kreditschulden hatte. Bei der folgenden Quizsendung bestand sie zwar die Prüfung nicht mehr, aber die Medienkampagne hielt an. Wegen einer reaktiven Depression mit angstneurotischen Zuständen wurde sie kurz darauf psychiatrisch hospitalisiert.

Definition: Ein Outingopfer liegt vor bei Offenbarung oder Aufdeckung eines Geheimnisses in den Medien ohne Einwilligung des Betroffenen. Dabei werden Intimsphäre, Privatsphäre oder Geheimsphäre verletzt. Gegenstand der Indiskretion sind sexuelle Neigungen, Geldangelegenheiten wie Einkommens- und Vermögensverhältnisse, Sünden und Vergehen wie Verurteilung wegen Fahrens in angetrunkenem Zustand, private familiäre Verhältnisse wie die Drogensucht eines Familienmitgliedes, Lebensgewohnheiten wie Ferienorte und Freizeitaktivitäten. Allgemein sind es die Diskrepanzen zwischen Schein und Sein, die aufgezeigt und an die große Glocke gehängt werden.

Folgen und Symptome: Das Outing führt zu einer Verletzung der persönlichen Integrität, zur Erzeugung einer Scham- und Schuldkrise. Es führt zu einer Störung des Verhältnisses zwischen Selbstbild und Außenbild und zu einer Störung der Beziehung zu dem engeren und weiteren Bekanntenkreis, zu den privaten und beruflichen Kontaktpersonen.

Die Medienmotive und Ursachen:

- Recherchier- und Aufdeckungsbedürfnis,
- sadistisches Spiel mit Scham- und Schuldgefühlen,
- „Gefühlspornografie": Die nackte Darstellung von Gefühlszuständen, von Angst-, Scham- und Schuldreaktionen, an denen sich der Zuschauer ergötzen kann,
- autoritätsfeindliche Regungen, das Ausleben eines ikonoklastischen Bedürfnisses durch Kippen eines Standbildes vom Sockel,
- Skandalisierung.

2.1.3 Lügen- und Falschdarstellungsopfer

Beispiel 1: Der falsche Vegetarier. Ein Bankangestellter trifft sich regelmäßig zweimal wöchentlich mit einem Kollegen einer anderen Bank, einem Vegetarier, in einem renommierten vegetarischen Restaurant in der Stadt zum Mittagessen. In seiner Landgemeinde kandidiert er für ein ehrenvolles Amt. Ein Journalist, der ihn wiederholt im vegetarischen Restaurant hat essen sehen, charakterisiert ihn in einem kurzen Artikel mit der Bezeichnung „überzeugter Vegetarier". Später erfährt der Bankier, dass er und seine Frau von den Nachbarn im Quartier zweimal nicht zu einem Gartenfest mit Spanferkel eingeladen wurden. Andererseits kommt ihm zur Kenntnis, dass er dank einiger Stimmen von Vegetariern einer anderen Partei als jener, für die er kandidierte, ins Amt gewählt worden sei.

Beispiel 2: Der falsche Millionär. Ein in bescheidenen Verhältnissen lebender Ladenbesitzer wurde nach dem Besuch eines Cocktailempfangs in einem kurzen Zeitungsbericht in der Klatschspalte als „aus einer schwerreichen Familiendynastie stammend" bezeichnet. Er trug zwar deren Namen, war aber mit ihr in keiner Weise verwandtschaftlich verbunden. In den folgenden Monaten hörte er wiederholt, direkt und indirekt, dass er in seinem privaten und beruflichen Umfeld mit Bewunderung als eine überaus bescheidene Persönlichkeit gelobt worden, aber auch als „Geizkragen" und „Körnlipicker" apostrophiert worden war. Ferner bekam er ein neues Entsorgungsproblem, weil sich sein Briefkasten mit Spendenaufrufen und Bettelbriefen füllte.

Beispiel 3: Der falsche Adlige. Ein Familienvater wurde in einer Klatschspalte als von adliger Herkunft vorgestellt. Kurze Zeit später beantwortete eine attraktive Gymnasiastin das seit Monaten erfolglose Liebeswerben seines Sohnes überraschend positiv, wobei sie vor allem dessen vornehme adlige Zurückhaltung immer wieder als Grund ihrer Zuneigung zu erkennen gab. Er lebte seither in der ständigen Furcht, durch Richtigstellung diese Beziehung zu gefährden. Er war von schlechtem Gewissen geplagt und fühlte sich als Hochstapler, weil er gegenüber Kollegen die adlige Herkunft, von diesen darauf angesprochen, immer wieder bestätigte.

Definition: Ein Lügen- oder Falschdarstellungsopfer entsteht durch Verbreitung von Unwahrheiten, Teilwahrheiten oder durch unzutreffende positive oder negative Attribuierungen. In die gleiche Kategorie gehören auch die fehlerhaften oder verzerrten Interpretationen von Fakten und Vorgängen.

Folgen und Symptome: Häufige und triviale Auswirkungen sind sozialpsychologische Komplikationen, vor allem wegen Rückkoppelungsfehlern. Dies kann man leicht nachvollziehen, wenn man selbst schon einmal Opfer einer Veröffentlichung einer falschen Adresse oder Telefonnummer war oder wenn man mit einem falschen Titel in der Öffentlichkeit vorgestellt worden ist. Man wird gewissermaßen zum Opfer eines Aprilscherzes außerhalb des 1. April. Eine weitere Auswirkung ist ein Fremdheitsgefühl. Man wird zum „Fremdstapler", indem man ein fremdes Bild als Eigenbild herumträgt und zu verantworten hat und dessen Konsequenzen ertragen muss.

Die Medienmotive und Ursachen:

- Verwechslungen mit Namensvettern,
- Ungenauigkeiten: Von einem Politiker hieß es beispielsweise, er sei viermal und nicht nur dreimal geschieden,
- Missverständnisse: Jemand wird als Berner Burger statt Berner Bürger vorgestellt,
- Fehlinterpretationen wie der oben erwähnte überzeugte Vegetarier,
- böswillige Behauptungen wie in einer Verleumdungskampagne.

2.1.4 Tribunalisierungsopfer

Beispiel: Das untragbare Sektenmitglied. Eine 45-jährige Pfarrerin und Politikerin wurde von der Mutter einer Nachbarin der Mitgliedschaft in einer Sekte bezichtigt. Sie hatte selbst einmal an einem von dieser Sekte organisierten Skilager und zweimal auch an einer Tagung teilgenommen, weil ihr Ex-Mann zu dieser Sekte Kontakt gesucht, sich allerdings selber bald wieder davon abgewendet hatte. In einer Lokalzeitung wurde ihr die Mitgliedschaft in der Sekte vorgeworfen, und in nachfolgenden Leserbriefen wurde sie schon bald von zwei Opfern einer anderen Sekte als „fanatische Sektiererin" bezeichnet. Dies löste im Lokalfernsehen und in den Boulevardmedien eine Diskussion über die Tragbarkeit eines Sektenmitglieds in einem Pfarramt aus. Die Predigten der Pfarrerin wurden teilweise im Lichte der in der Öffentlichkeit breit und heftig diskutierten Sektenideologie als Indoktrinationsversuche ihrer Gemeinde interpretiert. Viele Verwandte und Bekannte distanzierten sich von ihr, und sie wurde brieflich und telefonisch mit unflätigen Beschimpfungen überhäuft. Sie sah sich gezwungen, vom Pfarramt freiwillig zurückzutreten. Erst viele Monate später wurden in einem Untersuchungsbericht die Vorwürfe gegen sie als haltlos qualifiziert und ihr Engagement bei der Sekte als randständig und unbedeutend ins richtige Licht gerückt.

Definition: Unter die Bezeichnung Tribunalisierungsopfer fallen Menschen, die ohne adäquate Möglichkeit zur Gegenwehr moralischer Beurteilung und Verurteilung in den Medien ausgeliefert sind. Das Tribunal findet im Klatsch, am Stammtisch, in der Leserbriefspalte statt. Ausgelebt wird von den „Richtern" die Lust an der Bewertung, an der Moralisierung, an der Verhandlung, an einer Eigenposition. Es handelt sich um eine erweiterte Stammtischgerichtsbarkeit, ein mediales Untersuchungs- und Gerichtsverfahren. Diese Para- oder Paralleltribunalisierung folgt dem Muster kriminalistischer Untersuchungen und strafrechtlicher Prozessverfahren. Sie hat oft ihren Ursprung in einem Hinweis oder einem Gerücht, setzt sich dann fort mit Recherchen und Indiziensammlungen, geht über zur Befragung des Verdächtigen, mitunter in inquisitorischer Weise, sodann in eine Zeugenbefragung. Dieser folgt dann die Konfrontation des Verdächtigen mit den Zeugenaussagen. Anschuldigung und mediale Verurteilung lassen gewöhnlich nicht lange auf sich warten. Nebenstrafen folgen schon sehr bald durch Kündigung der Arbeitsstelle und der Wohnung sowie durch Ausschluss aus Mitgliedschaften von Vereinen.

Folgen und Symptome: Die Tribunalisierung führt bei den Opfern zu Ohnmachtsgefühlen, zur Entfesselung von Hetzkampagnen, Pogrom und Lynchjustiz, entfaltet eine Prangerwirkung, kommt einer Vorverurteilung gleich.

Die Medienmotive und Ursachen:

- der Unterhaltungswert jedes Gerichtsverfahrens, eine Art „Tribunaltainment",
- politische Motive,
- Druck auf Gerichte und Wahlbehörden,
- Lust am Tribunal und Reaktivierung einer kriminalistischen „Emil und die Detektive"-Romantik der Kindheit,
- Befriedigung des Klatsch- und Moralisierungsbedürfnisses.

2.1.5 Verhöhnungsopfer

Beispiel 1: Der Overkill. Ein bewährter Exekutivpolitiker fiel wegen eines Vergehens in Ungnade. Er hätte angesichts der Geringfügigkeit seines Fehlverhaltens problemlos überlebt, hätte er nicht anfänglich die Verfehlung hartnäckig bestritten und erst ein Geständnis abgelegt, als die Medien ihm diese schwarz auf weiß beweisen konnten. Sein politischer Sturz hatte eine Kettenreaktion von Schwierigkeiten im privaten und finanziellen Bereich zur Folge. Er musste schließlich sogar Privatkonkurs anmelden. In der Boulevardpresse wurden sein Abstieg und seine desolate persönliche Situation in Schlagzeilen mit Bildmaterial und zynischen Kommentaren gezeigt. Über jedes neue Malheur, das mit seinem ursprünglichen Versagen nichts zu tun hatte, wurde ausgiebig berichtet. Auch die Lokalmedien sprangen auf diesen Zug auf und zeigten immer wieder mit dem Zeigefinger auf ihn. Er wurde über Wochen zum «Buhmann» der Nation emporstilisiert. Infolge eines Blutdruckabfalls erlitt er eine Streifung, Vorzeichen für einen Schlaganfall.

Ein ehemaliger Studien- und Dienstkollege setzte sich dann beherzt und mutig für ihn ein, indem er bei den Chefredaktionen intervenierte, worauf die Kampagne von diesen unterbunden wurde. Gleichzeitig formierte sich spontan eine Gegenkampagne, die in medialen Stellungnahmen den Overkill beanstandeten. Schließlich wurde er für das erlittene Ungemach entschädigt mit dem Angebot einer angesehenen Stelle und war bald wieder völlig in die Gesellschaft und im Berufsleben integriert.

Definition: In die Kategorie der Verhöhnungsopfer fallen solche, über die von den Medien mit Beleidigungen und Beschimpfungen hergefahren, Spott und Hohn gegossen wird. Dadurch wird die Schadenfreude des Publikums angeregt und befriedigt. Kopfjägerei, Hetzjagd, Pogrom werden inszeniert. Erzielt wird eine Prangerwirkung. Die Opfer werden regelrecht sozial vernichtet, isoliert, diskriminiert. Die Emotionalisierung und Demütigungen gehen über das hinaus, was für eine offene Berichterstattung und deutliche Bewertung und Stellungnahme notwendig ist. Die Opfer werden im Extremfall gnadenlos mit Schimpf und Schande ins Abseits gejagt, in ihrer Ehre und Würde zutiefst verletzt und wehrlos gemacht.

Folgen und Symptome: Die Folge bei den Betroffenen ist ein Zustand von Angst, Scham und Verzweiflung. Vernichtungsängste bei völligem Selbstwertverlust und völliger Hilflosigkeit, Suizidalität und Fluchtphantasien sind häufig.

Die Medienmotive und Ursachen:

- Ausagieren sadistischer Impulse,
- Anbiederung an die Volksstimmung,
- Stimmungsmache zwecks Aufmerksamkeitssteigerung,
- allfällige politische Motive.

2.1.6 Instrumentalisierungsopfer

Beispiel 1: Das misslungene Casting. Eine 22-jährige kaufmännische Auszubildende, die wegen eines Prüfungsversagens und Krankheitsausfällen im Rückstand war, ließ sich von einem Freund dazu bewegen, sich für die Vorausscheidungen eines Gesangswettbewerbs („Superstar") zu bewerben. Beim Casting war sie aber gesundheitlich und stimmlich schlecht disponiert und bot einen peinlichen Auftritt, was auch zum sofortigen Ausschluss von der Teilnahme an weiteren Ausscheidungsrunden führte. Bei den letzten vom Fernsehen übertragenen Ausscheidungskämpfen vor großem Bildschirmpublikum wurde die Filmaufnahme von ihrem misslungenen Auftritt als humoristische Einlage immer wieder vorgeführt, ebenso wie in zusätzlichen Veranstaltungshinweisen und Begleitsendungen. Sie fühlte sich, auch wenn sie anfänglich ihre schriftliche Zustimmung zu einer möglichen Verwertung der Filmaufnahme gegeben hatte, missbraucht, bloßgestellt und der Lächerlichkeit preisgegeben. Sie verfiel in eine nachhaltige depressive Verstimmung, reagierte mit Rückzug und brach ihre Lehre ab, um im Ausland, wo sie unbekannt war, eine neue Existenz aufzubauen.

Beispiel 2: Das Fernsehinterview des Kommilitonen. In einem Altstadthaus stürzte sich ein Student in suizidaler Absicht aus dem Fenster im vierten Stock. Ein schockierter und bestürzter Kommilitone, der im gleichen Haus wohnte, schilderte dem herbeigeeilten Videojournalisten in die Kamera ausführlich Vorgeschichte und Hintergründe dieses tragischen Ereignisses und Details aus dem Leben des Selbstmörders. Er gab auch Fotos preis, die beide mit ihren Freundinnen und Ex-Freundinnen zusammen in einer fröhlichen Runde zeigten. Erst als der Videojournalist sich davongemacht hatte, wurde ihm klar, dass er sich in einem emotionalen Ausnahmezustand zu seinen Äußerungen hatte hinreißen lassen. Sein Versuch, die Sendung im Fernsehen noch zu verhindern, kam zu spät und konnte von den Fernsehverantwortlichen nicht mehr berücksichtigt werden. Von den Angehörigen des Verstorbenen und seinen Mitkommilitonen wurden ihm in der Folge Vorwürfe wegen Verletzung des Vertrauensverhältnisses und der Persönlichkeitssphäre gemacht. Er selbst verfiel in einen Zustand anhaltender Schuldgefühle und Selbstvorwürfe, die er später in einer psychologischen Beratung aufarbeitete.

Definition: Instrumentalisierungsopfer sind Menschen, die von den Medien für mediale Inszenierungen vereinnahmt und benutzt werden. Es kommt dabei zu einer Ausnutzung von Labilität, Unerfahrenheit, Geltungsstreben, übersteigertem Mitteilungsbedürfnis in einer Lebenskrise, nach einem Trauma oder bei krankhaften Veränderungen wie bei einer Manie, einem Rauschzustand, einem Schwachsinn oder Persönlichkeitsstörungen. Oft werden Einsamkeit oder übermäßige emotionale Zuwendungsbedürfnisse, nicht selten bei Defiziten an emotionaler Zuwendung in der Biografie, oder eine finanzielle Not ausgebeutet. Die Opfer werden vertraglich für eine dramaturgische Rolle engagiert oder auch ungefragt eingesetzt, als Held, als Star, als Opfer, als Bösewicht, als Hexe.

Oft funktioniert diese Instrumentalisierung nach dem Muster „Geburt und Hinrichtung eines Helden". In einer ersten Phase wird beispielsweise ein Musicstar geboren und die ganze Zuschauerschaft an dem freudigen Ereignis, an Schwangerschaft, Geburt und Taufe, beteiligt. In einer späteren Phase werden die Sünden und Schattenseiten des Musicstars schonungslos aufgedeckt, kritisiert und an den Pranger gestellt, und der Star wird zur Unperson gemacht. Häufig wird er als Held und Idol gefeiert, als Genie gewertet und gehandelt, und dann, allmählich oder plötzlich, fallengelassen und seiner eigenen Nichtigkeit überlassen. So wird er das Opfer einer Fehleinschätzung, einer Projektion von idealisierenden, unrealistischen Erwartungen medialer Funktionäre und des von diesen entfesselten medialen Massenpublikums.

Folgen und Symptome: Im Laufe oder nach einer Instrumentalisierung im Dienste des medialen Entertainments und Infotainments stellt sich bei den Betroffenen oft eine narzisstische Depression ein, ein Gefühl des Missbrauchtwerdens, das Gefühl von „Fall nach dem Aufstieg" und „Einsamkeit nach dem Zuwendungsspektakel". Oftmals sind die Instrumentalisierungsopfer auch Opfer sämtlicher anderer Kategorien, der medialen paparazziartigen Verfolgung, des Outings von persönlichen Geheimnissen, von Falschdarstellungen und von Tribunalisierungen.

Die Medienmotive und Ursachen:

- billige Personalrekrutierung für Inszenierungen,
- Benutzung der Opfer für medial wirksame Produktionen.

2.1.7 Stigmatisierungsopfer

Beispiel 1: Der Zeckenspezialist. Ein gut ausgebildeter Arzt eröffnete in einer Stadt eine internistische Praxis, für deren Einrichtung er eine beträchtliche Summe investiert hat. Er hatte das Glück, dass zur Eröffnung der Praxis ein Journalist des Stadtanzeigers auf der Frontseite ein Interview mit ihm publizierte. In diesem ging es um Zeckenkrankheiten, über die er in einer öffentlichen Veranstaltung referierte, weil er vor Jahren über dieses Thema promoviert hatte. Sowohl in der Titelgebung als auch im Text sowie im Kommentar zum Porträtfoto wurde der Anschein erweckt, dass er sich als Arzt ausschließlich für die Behandlung von Zecken für die ganze Region und das ganze Land niedergelassen habe. Da Werbung damals den Ärzten nicht gestattet war, hatte er kaum eine Möglichkeit, eine Korrektur vorzunehmen. Er realisierte auch erst nach einigen Monaten, dass ihn fast nur Patienten aufsuchten, die an einer Zeckenkrankheit wie Enzephalitis oder Borreliose erkrankt waren, und er geriet in erhebliche finanzielle Anfangsschwierigkeiten. Es brauchte lange Zeit, bis er seinen Ruf als Zeckenspezialist loswurde.

Beispiel 2: Der Kinnhakenpolitiker. Ein sehr tüchtiger, differenzierter und kultivierter Politiker verlor einmal im Lauf eines monatelang schwelenden Nachbarschaftsstreits, bei dem er belästigt und schikaniert wurde, die Nerven und versetzte einem Anwohner, von dem er in unflätigster Weise beschimpft wurde, einen Kinnhaken. Er bereute die Tat sofort und entschuldigte sich dafür unverzüglich bei seinem Opfer. Er erklärte und begründete sie auch mit gesundheitlichen und familiären Schwierigkeiten, die ihn zusätzlich belastet und an den Rand eines Nervenzusammenbruchs gebracht hatten. Der Vorfall geriet aber sofort in die Schlagzeilen der Boulevardblätter und wurde auch von seinen politischen Gegnern weidlich ausgeschlachtet. Er war von diesem Moment an über Jahre nicht nur in den Medien, sondern auch in Alltags- und Stammtischgesprächen nur noch als „Kinnhakenpolitiker" bekannt. Seine übrigen früheren und aktuellen politischen und beruflichen Verdienste fanden hingegen kaum mehr Erwähnung.

Definition: Die mediale Verletzung kommt beim Stigmatisierungsopfer dadurch zustande, dass dieses nur noch anhand eines einzelnen oder weniger prägnanter Merkmale wahrgenommen wird, im Bewusstsein der Öffentlichkeit figuriert und in die Geschichte eingeht. Sie ist die Folge einer Entdifferenzierung in der öffentlichen Wahrnehmung und Urteilsbildung. Das Stigmatisierungsopfer ist ein Spezialfall der Falschdarstellungs- und Falschinterpretationsopfer.

Folgen und Symptome: Das Stigmatisierungsopfer fühlt sich missverstanden, einseitig wahrgenommen und beurteilt, in ein Schema gepresst und auf eine einzige Rolle und Identität fixiert. Es leidet am Gefühl der falschen Etikettierung und fühlt sich in seiner sozialen kommunikativen Entfaltung dadurch eingeengt. Es kommt sich abgestempelt vor. Ein populärer Charakterdarsteller beispielsweise sieht sich um die Möglichkeit geprellt, andere Rollenangebote zu erhalten als solche, mit denen er in Verbindung gebracht wird. Er wird das Opfer eines unkorrigierbaren Vorurteils.

Die Medienmotive und Ursachen:

- ▪ Beschränkung und Zuspitzung der Berichterstattung auf das Wesentliche,
- ▪ plakative Darstellung,
- ▪ reißerische Überzeichnung durch Überpointieren und Dramatisieren.

2.1.8 Ignorierungsopfer

Beispiel 1: Die Abwahl. Im Vorfeld einer Parlamentswahl wurden in einem Wahlkreis sämtliche bisherigen Mandatsinhaber im Stadtanzeiger porträtiert. Dabei geriet eine der Parlamentarierinnen wegen einer Panne in der Zeitungsdruckerei in Vergessenheit. Sie selbst bemerkte diese Nichtberücksichtigung erst, als die letzte Ausgabe der Zeitung vor den Wahlen bereits ausgetragen war. Sie verfehlte in der Folge die Wiederwahl um wenige Stimmen.

Beispiel 2: Der Publikumsschwund. Eine literarische Kleinbühne feierte in den ersten Jahren ihres Bestehens beachtliche Erfolge und vermochte aufgrund der wohlwollenden und lobenden Rezensionen regelmäßig viel starkes Publikumsinteresse zu wecken – ein wichtiger Faktor seines Überlebens. Nach der Pensionierung des Theaterkritikers im wichtigsten Publikationsorgan der Region wurde dieses Theater wegen Sparmaßnahmen von der Liste der Spielstätten gestrichen, deren Premieren regelmäßig besprochen wurden. In wenigen Jahren brach der Publikumszulauf zusammen, und das Theater musste bald seine Tore schließen.

Definition: Ignorierungsopfer sind Menschen, die als Öffentlichkeitsarbeiter – Geschäftsleute, Politiker, Künstler, Sportler – auf Bekanntwerden und Bekanntsein angewiesen sind, aber von den Scheinwerfern der Medien nicht beschienen werden. Sie fristen ein Leben auf der Schattenseite und bleiben daher kleinwüchsig. Sie können sich wegen Nichtbeachtung nicht entfalten oder gehen zugrunde.

Folgen und Symptome: Die Nichtbeachtung führt zu einer Isolation, einer Entfaltungsblockade, zu Misserfolg bei beruflichen Bemühungen und Investitionen, zu depressiven Entwicklungen und sozialen Desintegrationserscheinungen.

Die Medienmotive und Ursachen:

- Beschränkung von Aufmerksamkeit und Publikationsraum,
- politisch motivierte Missachtung,
- fahrlässige Unterlassungen.

2.1.9 Desorientierungsopfer

Medienopfer sind hier die Rezipienten der Medieninformation – Leser, Hörer und Zuschauer. Als Teil der Öffentlichkeit sind sie bei dieser Kategorie nicht in der Rolle als Mittäter wie in den anderen Kategorien, wo sie durch Voyeurismus, Klatschsucht, Tribunalisierung an der Generierung des Medienopfersyndroms beteiligt sind, sondern sie sind hier selbst die Geschädigten. Sie sind nicht medienkrank, weil sie im Rampenlicht stehen, sondern weil sie vom Rampenlicht geblendet sind. Sie sind auch nicht als Individuen Medienopfer, sondern als Kollektiv, als geneigte Leser-, Hörer- und Zuschauerschaft, die durch den Konsum schlechter publizistischer Nahrung Schaden erleidet: eine Konsumentenkrankheit. Die Opfer werden durch falsche, halbrichtige, unvollständige Informationen irregeführt. Sie bilden sich Meinungen, die sie später korrigieren müssen, treffen falsche, für sie nachteilige Entscheidungen und vergeuden dadurch einen Teil ihrer Lebenszeit. Die Beispiele sind naturgemäß nicht aus meiner Praxis, sondern der Literatur entnommen.

Beispiel 1: Invasion vom Mars. Am 30. Oktober 1938 hörten mindestens sechs Millionen Amerikaner im Radio die realistisch wirkende Science-Fiction-Geschichte „Invasion from Mars" von Orson Welles. Beim Publikum entstand gemäß einer Studie von Cantril (1982) ein Angst- und Panikzustand, dessen Ausmaß durch Befragung von 135 Probanden ermittelt wurde. Zwölf Prozent der erwachsenen Bevölkerung hatten die Sendung gehört, und von diesen hatten 28 Prozent das Hörspiel als realistische Nachrichtensendung missverstanden. Von diesen wiederum waren 70 Prozent verängstigt oder verstört. Alles in allem waren im Einzugsgebiet des Senders also etwa zwei Prozent der erwachsenen Bevölkerung in Angst und Schrecken versetzt worden. Diese Untersuchung wird in der Literatur als Standardbeispiel für die Allmacht der Medien angeführt (Kunczik / Zipfel 2001, 288).

Beispiel 2: Barsebäck-Panik. Im November 1973 strahlte der Schwedische Rundfunk eine elfminütige, sehr realistisch wirkende Sendung über einen angeblichen Unfall in einem Kernkraftwerk in Barsebäck, Südschweden aus. Bereits eine Stunde nach der Sendung wurde im Radio gemeldet, in Südschweden herrsche Panik. Auch am nächsten Tag berichteten Zeitungen in großer Aufmachung von der Sendung. Ein repräsentatives Bevölkerungssample von 1.089 Probanden wurde zu ihrer Reaktion befragt. Die Studie ergab, dass ca. 20 Prozent der erwachsenen Bevölkerung die Sendung gehört und davon zunächst jeder zweite, bis zum Ende der Sendung jeder fünfte sie als Schilderung der Realität missverstanden hatte. Von diesen waren über 70 Prozent erschreckt oder verwirrt, und von diesen reagierten ca. 15 Prozent mit einem entsprechenden Verhalten: Sie nahmen Kontakt mit Familienangehörigen oder Nachbarn auf, schlossen die Fenster oder stellten Überlegungen an, welche Vorkehrungen sie für den Fall einer Evakuierung treffen sollten. Allerdings gab es keinen einzigen Fall von panikartiger, kopfloser Flucht. Die Zeitungsjournalisten hatten irrtümlich wegen der zahlreichen Höreranrufe bei ihnen und auch bei der Polizei und der Feuerwehr auf die Existenz einer Massenpanik geschlossen (Kunczik / Zipfel 2001, 289).

Beispiel 3: Nebenwirkungen von Masernimpfung. Eine wissenschaftlich völlig unzulängliche Studie mit lediglich zwölf Kindern löste das Gerücht aus, die Nebenwirkungen einer Impfung gegen Masern seien schädlicher als die Krankheit selbst. In Wahrheit hatte es früher bei 100.000 Impfungen im Durchschnitt nur einen Fall von Hirnhautentzündung gegeben. Die Folge des sich hartnäckig haltenden Gerüchts ist, dass es in Deutschland Jahr für Jahr 500 bis 2.000 Fälle von Hirnhautentzündungen infolge einer Maserninfektion bei unterlassener Impfung gibt, 30 Prozent mit tödlichem Ausgang, 20 Prozent mit bleibenden Schäden (Scheele 2006, 137).

Beispiel 4: Die Spaltung Belgiens. Am 4. Dezember 2006 unterbrach der belgische Fernsehsender RTBF um 20.21 Uhr sein Programm für eine schockierende Sondermeldung: Das flämische Parlament habe soeben fast einstimmig die Unabhängigkeit Flanderns beschlossen. Es folgten hektische Direktschaltungen nach Antwerpen, wo die Menschen in Freudentaumel ausbrachen, u. a. auch zum flämischen Parlament, vor dem jugendliche Menschen Fahnen schwangen. Es folgte die für die Wallonen niederschmetternde Nachricht: Der König, der Garant der staatlichen Einheit Belgiens, habe das auseinandergebrochene Land verlassen. Lange Autoschlangen bewegten sich in Richtung Flughafen. Fast der ganze Handyverkehr brach zusammen, weil heftig hin- und hertelefoniert wurde. Die Zeitung „De Morgen" titelte „Panik in Brüssel". Der Aufruhr wurde durch diese fiktive Fernsehsendung ausgelöst, welche die Debatte über den Zusammenhalt oder das Auseinanderdriften des Landes neu beleben sollte. Zu Beginn der Ausstrahlung hatte der Sender die Worte „dies ist vielleicht keine Fiktion" eingeblendet (NZZ, 15.12.2006, 2; Tages Anzeiger, 15.12.2006, 7).

Definition: Das Desorientierungsopfer entsteht durch fahrlässige oder vorsätzlich-manipulative Fehlinformation. Es wird um die wahre Information betrogen und wähnt sich im Falschen richtig. Es lebt im Irrtum und richtet sein Handeln nach falschen Vorgaben und Annahmen. Ein Modellfall ist die falsche Wettervorhersage, die zu unzweckmäßigen Entschlüssen und Vorkehrungen führt: unzweckmäßiger Kleidung, falschen Reiseplänen, sinnlosen Anordnungen in wetterabhängigen sportlichen, touristischen und gastronomischen Bereichen. Auch ideologische Verirrungen oder geschäftliche Fehlinvestitionen haben ihren Ursprung oft in fehlerhafter, unvollständiger, einseitiger Information. Ein weiteres Feld von Desinformationsschäden sind die medienerzeugten Krankheiten wie das „false memory syndrome". Nicht nur falsche Berichte, sondern auch falsche – verzerrte, einseitige, unausgewogene – Interpretationen durch Meinungsbildner rufen gleiche oder ähnliche Opfersymptome hervor. Auch Information*unterlassungen* können vergleichbare Folgen nach sich ziehen.

Folgen und Symptome: Die Auswirkungen der Desinformation zeigen sich zum einen im falschen Bewusstsein und im falschen Handeln der Betroffenen, den damit einhergehenden Komplikationen, Energie- und Zeitverschwendungen und zum anderen in den Enttäuschungsreaktionen und Erschütterungen nach Aufdeckung und Gewahrwerden des Irrtums. Ganze Armeen und Völker werden, durch kriegerische Abenteuer, die mit irreführender Informationspolitik legitimiert sind, zu Desinformationsopfern – so etwa im Irakkrieg, der mit den angeblichen Massenvernichtungswaffen von Hussein gerechtfertigt wurde.

2.1.10 Oberflächlichkeitsopfer

Im Unterschied zu den Desinformationsopfern wird der Medienkonsument nicht in seiner kognitiven und rationalen Dimension, sondern in seiner Persönlichkeit beeinträchtigt. Er ist ein Boulevardisierungsopfer. Es tritt bei ihm eine Wesensänderung ein. Entdifferenzierung, Kulturzerfall, Verrohung sind die Merkmale, die diese kennzeichnen. Grassierender Analphabetismus, sprachlicher Strukturzerfall, Einengung des Interessenhorizonts auf Sensationen, Gewalt und Rührseligkeit sind Ausdruck dieser Oberflächlichkeitskultur. Auch Neigung zu unkritischem und vorschnellem Urteil, fehlende Tiefenschärfe und Allgemeinbildung, leichte Manipulierbarkeit, fehlende Eigenständigkeit und Nachhaltigkeit in der weltanschaulichen Positionierung verweisen auf die Persönlichkeitserosion.

2.2 Das Medienopfersyndrom (MOS)

Die Medizin, aber auch die Psychiatrie hat es mit Opfern zu tun, die als Folge von Krankheit oder Unfall in ihrer gesundheitlichen Verfassung versehrt sind – Opfern von Krankheitserregern, Umweltschäden, Straßenverkehr, Gewaltverbrechen oder anderen schädlichen Einwirkungen. Die ärztliche Disziplin im engeren Sinne ist nur für solche Verletzungen zuständig, die nicht ausschließlich sozialer Natur sind. In der heute führenden psychiatrischen Diagnostik ICD-10, Internationale Klassifikation psychischer Störungen, wird für seelisches Leid nicht der Begriff „Krankheit", sondern „Störung" verwendet. Störung sei, gemäß der von ihr vertretenen Lehre

> „kein exakter Begriff; seine Verwendung in dieser Klassifikation soll einen erkennbaren Komplex von Symptomen oder Verhaltensauffälligkeiten anzeigen, die immer auf der individuellen und oft auch auf der Gruppen- oder sozialen Ebene mit Belastung und mit Beeinträchtigung von Funktionen verbunden ist, sich aber nicht auf der sozialen Ebene allein darstellt" (Dilling et al. 1991, 19).

Besonders in der Psychiatrie ist es aus verschiedenen Gründen angebracht, triviale normalpsychische Störungen von solchen abzugrenzen, denen eine klinische pathologische Bedeutung zukommt, wenn man eine unerträgliche Psychiatrisierung des sozialen Lebens vermeiden, eine umfassende Erfassung aller oder möglichst vieler Störungen verhindern will. Wann ist die Psychiatrie zuständig, ab wann kann man von „Krankheit" sprechen? Viktor von Weizsäcker schrieb: „Das Wesen des Krankseins ist eine Not und äußert sich als eine Bitte um Hilfe; ich nenne den krank, in dem ich als Arzt die Not erkenne." (Rammer 2005) Nach S. Freud haben abnorme Seelenzustände, insbesondere Neurosen, Krankheitswert, wenn der Betroffene arbeits- und / oder genussunfähig wird.

Ich selbst habe mich aufgrund meiner Erfahrungen in der psychiatrisch diagnostischen, therapeutischen und forensischen Arbeit herausgefordert gefühlt, ein Medienopfersyndrom, abgekürzt MOS, zu beschreiben. Mein Konzept habe ich erstmals in der „Schweizerischen Ärztezeitung" im Jahre

1999 mitgeteilt sowie für eine breitere Öffentlichkeit außerhalb meiner Berufsgilde in den „Schweizer Monatsheften" im Juni 2001. Es handelte sich bei dieser Publikation insoweit um eine vorwissenschaftliche Mitteilung von bloß heuristischem Wert, als der Diagnose MOS keine operationale, also kriteriengeleitete Ableitung zugrunde liegt.

Die Psychiatrie befasst sich mit verschiedenen Kategorien von seelischen Krankheiten, mit organischen, endogenen und psychoreaktiven Störungen. Als Folge von *körperlichen Bedrohungen und seelischen Belastungen* wie Überfällen, Unfällen, Geiselnahmen definiert die moderne Psychiatrie Krankheitsbilder wie die *akute Belastungsreaktion*, die *posttraumatische Belastungsstörung* und *Anpassungsstörungen*.

Unter einer sog. *akuten Belastungsreaktion* wird eine vorübergehende Störung von beträchtlichem Schweregrad als Reaktion auf eine außergewöhnliche körperliche und / oder seelische Belastung verstanden, die im Allgemeinen innerhalb von Stunden oder Tagen abklingt. Auslösendes Ereignis kann eine Naturkatastrophe, ein Unfall oder ein Verbrechen sein. Die Symptome beginnen meist mit einer Betäubung, einer gewissen Bewusstseinseinengung und eingeschränkter Aufmerksamkeit, einer Unfähigkeit, Reize zu verarbeiten, und Desorientiertheit. Oft treten vegetative Zeichen panischer Angst wie Herzjagen, Schwitzen und Erröten auf. Vereinfacht und zusammengefasst hat man es hier mit einer reaktiven Verstörung oder Depression nach einem existenzbedrohenden Trauma zu tun.

Bei der *posttraumatischen Belastungsstörung* entsteht, mitunter zusätzlich zur vorerwähnten akuten Belastungsreaktion, bei ähnlichen Bedrohungen katastrophalen Ausmaßes als *verzögerte* Reaktion ein charakteristisches Beschwerdebild mit zwei Symptomgruppen:

1. Zeichen der *Erregung*. Diese äußern sich in wiederholtem zwanghaften Erleben des Traumas in sich aufdrängenden Erinnerungen, den *Nachhallerinnerungen*, auch Flashbacks genannt, in Schreck- und Alpträumen, in einer gesteigerten allgemeinen Erregbarkeit, Unruhe und Schreckhaftigkeit sowie Schlaflosigkeit.

2. Zeichen der *Lähmung*. Diese äußern sich in einem andau-
ernden Gefühl von Betäubtsein und emotionaler Stumpfheit,
in Gleichgültigkeit und Teilnahmslosigkeit, Anhedonie (Unfähigkeit, ein Glücksgefühl zu erleben) sowie einer unüber-
windlichen phobischen Vermeidenshaltung gegenüber Situationen und Aktivitäten, die Erinnerungen an das Trauma
wachrufen könnten. Bei einem Teil der Betroffenen nimmt
die Störung über viele Jahre einen chronischen Verlauf.

Bei den *Anpassungsstörungen* wirken als auslösende Ursachen
nicht extrem lebensbedrohliche Ereignisse wie Gewaltverbrechen und Naturkatastrophen, sondern andere entscheidende
Lebensveränderungen oder belastende Lebensereignisse, so
auch schwere körperliche Erkrankungen. Die Belastung kann
die Unversehrtheit des sozialen Netzes betroffen haben, wie
etwa bei einem Todesfall oder bei Trennungserlebnissen, oder
das weitere Umfeld sozialer Unterstützung oder sozialer Werte
wie bei Immigration oder nach Flucht. Die ausgelösten Symptome sind unterschiedlich und umfassen depressive Stimmung,
Angst, Besorgnis, ein Gefühl, nicht zurechtzukommen, vor-
auszuplanen oder in der gegenwärtigen Situation fortzufahren,
ferner eine gewisse Einschränkung bei der Bewältigung der
alltäglichen Routine. Die Störung beginnt im Allgemeinen innerhalb eines Monats nach dem belastenden Ereignis oder nach
der Lebensveränderung.

Beim *Medienopfersyndrom (MOS)* finden sich ähnliche psychopathologische Erscheinungen, die aber durch die *Besonder-
heit des medialen* Traumas eine andere charakteristische Prägung aufweisen. Das Medienopfer unterscheidet sich von den
anderen Traumaopfern durch folgende drei *spezifische sozialpsychologische Merkmale*:

1. *Soziale Bedrohung*. Anstelle der physischen Bedrohung steht
die soziale Bedrohung. Symptomgenerierend ist nicht die
Angst vor dem physischen Tod, sondern die Angst vor der
sozialen Existenzvernichtung.
2. *Fortgesetzte reale Bedrohung*. Es besteht nach Abklingen
der Bedrohungslage eine fortgesetzte reale und nicht nur

verinnerlichte, in der Erinnerung fixierte Bedrohung. Diese ist eine Folgewirkung der fehlenden oder unvollkommenen Löschbarkeit der medialen Informationen und Kommentare im Bewusstsein der ganzen oder von Teilen der Öffentlichkeit, die als Medienkonsument stets zur freiwilligen oder unfreiwilligen Mittäterin wird. Nachträgliche Korrekturen von falschen oder verzerrten Darstellungen sind gewöhnlich unvollkommen und erreichen nie mehr die gleiche, geschweige denn die ganze Öffentlichkeit.

3. *Neubestimmung des Verhältnisses von privater zu öffentlicher Sphäre.* Anstelle der gewöhnlich privat-intimen Natur der Bedrohung, wie etwa beim Vergewaltigungsdelikt, wird beim MOS die Neubestimmung des Verhältnisses von privater zu öffentlicher Sphäre zur zentralen Thematik und Belastung.

Das psychopathologische Bild beim MOS ist zunächst einmal durch *allgemeine unspezifische Symptome* gekennzeichnet, wie sie auch bei anderen Traumaerfahrungen gehäuft vorkommen:

- depressive Verstimmungen,
- Selbstmordgedanken,
- innere Unruhe,
- ängstliche Erregtheit,
- Schlafstörungen,
- Konzentrationsstörungen,
- Gefühl der Ohnmacht und Wehrlosigkeit,
- zwanghafte Rachephantasien,
- Nachhallerinnerungen,
- Schuldgefühle für tatsächliche oder vermeintliche eigene Verfehlungen ohne Bezug zum aktuellen Anlass.

Die oben erwähnten drei sozialpsychologischen Merkmale (soziale Bedrohung, fortgesetzte reale Bedrohung, Neubestimmung des Verhältnisses von privater zu öffentlicher Sphäre) lassen aber beim MOS *spezifische Symptome* entstehen:

- Angst vor weiterer Bloßstellung,
- elementare Schamgefühle wegen des ungewohnten Exponiertseins,

- spezifische Schamgefühle ob der dem Opfer zugeschriebenen realen oder behaupteten Attribute,
- Angst vor Voyeurismus, Hohn und Spott der Nachbarschaft und Öffentlichkeit,
- Ängste vor Disqualifizierung, Diskriminierung und Isolierung,
- sozialer Rückzug,
- reaktive Überanpassung durch Konventionalität, Bravheit und übertriebenes Aufpassen vor eigenen Fehltritten,
- zwanghaftes Bemühen, reale oder vermeintliche Vorurteile zu widerlegen.

Die Spezifität dieser MOS-Symptome ist im Wesentlichen durch *vier spezifische Faktoren* bedingt:

1. Überwiegen der Schamproblematik,
2. Zerfall der eigenen Identitäts- oder Selbstkonzepte,
3. Angst vor dem sozialen Tod,
4. Angst vor Enteignung der Psyche.

Die *Schamproblematik* äußert sich in elementaren Schamgefühlen durch die ungewohnte Zurschaustellung im Rampenlicht der Öffentlichkeit, durch die Präsentation eingestandener oder aufoktroyierter Merkmale der psychischen und sozialen Persönlichkeit. Sie steht im Zusammenhang mit der schutzlosen Exposition.

Der *Zerfall der eigenen Selbstkonzepte* ist sowohl bei den Outing- als auch bei den Falschdarstellungsopfern die Folge einer plötzlich veränderten Konstellation der inneren und äußeren Persönlichkeitsbilder, die man von sich bisher gehegt, gepflegt und gehütet hat.

Die *Angst vor dem sozialen Tod* betrifft im Allgemeinen die Befürchtung, ausgegrenzt, verachtet, verhöhnt und verpönt zu werden und dem sozialen und materiellen Ruin anheimzufallen.

Die *Angst vor der Enteignung der Psyche* steht im Zusammenhang mit der Unmöglichkeit für den Betroffenen, auf die Handhabung der über ihn verbreiteten Informationen und Kommentare wirkungsvoll Einfluss zu nehmen.

2.3 Öffentlichkeit als Belastung

Warum brauchen wir eine Trennung von öffentlicher und privater Sphäre? Warum können wir nicht völlige Transparenz aller Merkmale und Vorgänge, die unsere Person betreffen, akzeptieren? Die Metapher für Öffentlichkeit und die damit verbundene Problematik des Schutzes der Geheimsphäre ist das *Fenster mit Vorhang*. Das Fenster bringt das Bedürfnis zum Ausdruck, aus den eigenen vier Wänden hinauszuschauen, mit der Öffentlichkeit visuell zu kommunizieren. Der Vorhang bringt das Bedürfnis zum Ausdruck, sich vor zudringlichen Blicken zu schützen, sich vom Öffentlichen zurückzuziehen. Der Journalismus, Medienaktivität schlechthin, spielt sich im Spannungsfeld zwischen dem öffentlichen Anspruch auf Transparenz und dem privaten Anspruch auf Persönlichkeitsschutz ab. Das Transparenzgebot, eine Grundlage des Funktionierens unserer politischen und gerichtlichen Entscheidungsprozesse, stößt beim Persönlichkeitsschutz an seine Grenzen. Die Persönlichkeit kennt drei schützenswerte Sphären:

1. die Privatsphäre,
2. die Intimsphäre,
3. die Geheimsphäre.

Die *Privatsphäre* wird versinnbildlicht durch das *Gartentor*. Es schützt das Areal, und das schützenswerte psychische Gut ist die *Autonomie*. In diesem Gartenareal gebiete ich über alles, die Anpflanzungen, das Recht, sich hier aufzuhalten, das Aufstellen der Gartenmöbel.

Die *Intimsphäre* wird symbolisch repräsentiert durch die *Vorhänge* (Rollläden), die den Einblick in die Wohnung, zumal ins Schlafzimmer, verwehren. Das psychisch geschützte Gut ist die *Schamgrenze*.

Die *Geheimsphäre* wird symbolisch repräsentiert durch den *Safe*, wo die Dokumente aufbewahrt sind. Das geschützte Gut sind hier *Strategie und Taktik*.

Privat-, Intim- und Geheimsphäre sind nicht dasselbe. Das Eindringen in einen Garten oder das Parken auf einem fremden Parkplatz kommt noch nicht einer Verletzung der Intimität gleich. Die aufdringlich-penetrante Beobachtung eines Liebespärchens in einer öffentlichen Parkanlage ist keine Verletzung der Privat-, wohl aber der Intimsphäre. Das Eindringen in die verschlüsselten Dokumente der Polizei ist keine Verletzung der Privat- noch der Intimsphäre, aber der Geheimsphäre. Der Mensch hat im Wesentlichen zwei hauptsächliche Interessen am Persönlichkeitsschutz: Erstens will er seine taktische und strategische Überlegenheit wahren können. Zweitens will er die Autonomie und Kontrolle über sich selbst in jeder Hinsicht behalten. Zum einen sind es also äußere, realpolitische und handfeste machtpolitische Interessen, zum anderen innere psychologische Motive der Selbstbestimmung und der Selbststeuerung. Die Öffentlichkeit ist aus *fünf Gründen eine Belastung:*

1. Asymmetrie,
2. Irreversibilität,
3. Omnipräsenz,
4. massenpsychologische Entfesselungen,
5. Stigmatisierung.

Asymmetrie. Das Verhältnis des Individuums zur Öffentlichkeit ist immer eine David-gegen-Goliath-Konstellation. Das Individuum ist klein, die durch die Medien repräsentierte Öffentlichkeit groß und mächtig. Das Individuum ist gewöhnlich unerfahren, der Journalist ist berufsbedingt mediengewandt. Das Individuum kann zu einem über ihn veröffentlichten Bericht nur teilweise, in beschränktem Rahmen, Stellung beziehen und oft nur reaktiv und verspätet. Es kann auch beim Gegenlesen einer von ihm veröffentlichten Aussage nicht von vornherein Stellung beziehen und auf den größeren Kontext Einfluss nehmen. Ebenso wenig kann es die Dimensionen und Proportionen der Veröffentlichung bestimmen. Es kann selbst beispielsweise nicht von sich aus Gegenschlagzeilen produzieren. Auch der Zeitpunkt der Veröffentlichung entzieht sich in der Regel seiner Einflussnahme.

Irreversibilität. Gegen den Willen des Betroffenen geäußerte und falsche Informationen bleiben zu einem großen Teil irreversibel. Richtigstellungen erreichen beispielsweise nur teilweise den gleichen Leser-, Hörer- und Zuschauerkreis wie die Originalmeldung. Gedächtnis, Mitteilungsbedürfnis bis hin zur Schwatzhaftigkeit garantieren oft den Fortbestand und die Weiterverbreitung jeglicher Information.

Omnipräsenz. Öffentlichkeit bringt naturgemäß Omnipräsenz. Die geouteten oder falschen Nachrichten erreichen sowohl das engere soziale Umfeld von Verwandtschaft, Nachbarschaft, Bekanntschaft, Arbeitsplatz als auch das ganz breite Umfeld im Zuge der Globalisierung wie durch das Internet. Auch Informationen von regionalpolitischer Bedeutung und Ausstrahlung sind mitunter an jedem beliebigen Punkt der Erde im Internet abrufbar. Die Omnipräsenz ist zudem auch irreversibel wegen der leichten Zugänglichkeit zu jeder Information auch nach Jahren ihrer ersten Verbreitung.

Massenpsychologische Entfesselungen. In der Öffentlichkeit werden massenpsychologische Dynamiken in Gang gesetzt. Die Masse ebenso wie der Massenmensch erweisen sich als impulsiv, reizbar, leichtgläubig, kritiklos, sowohl intolerant als auch autoritätsgläubig, leichtsinnig und zum Äußersten bereit. Sie verfallen der polarisierenden Wahrnehmung und dem Symboldenken.

Stigmatisierung. Die Massendynamik der Öffentlichkeit neigt zu Entdifferenzierung, Vereinfachung und Verallgemeinerung. Es kommt in der Wahrnehmung zur Reduktion auf eine dominante Eigenschaft und dadurch zur Stigmatisierung im Sinne der Etikettierung. Auch Persönlichkeiten mit einer großen und vielfältigen Leistungsbilanz wie amerikanische Präsidenten werden nur selektiv aufgrund eines markanten, oft skandalträchtigen Merkmals erinnert (Nixon / Watergate; Carter / Erdnussfarmer; Clinton / Monica Lewinsky; Reagan / Schauspieler).

2.4 Die Abwehr der Medienaggressivität

Wie bei jeder Krankheit stellt sich die Frage auch beim MOS, ob und welche präventive Maßnahme den Ausbruch verhindern kann. Mit Ratschlägen zur Prävention läuft man immer Gefahr, undifferenzierte Pauschalempfehlungen zu geben. Sie nützen im Einzelfall nichts oder wirken sogar kontraproduktiv. Die *präventiven Empfehlungen sind abhängig von* der je persönlichen Konstellation, insbesondere von folgenden Faktoren:

■ *Informationsanspruch der Öffentlichkeit an das potenzielle Medienopfer.* So hat die Öffentlichkeit Anspruch auf Kenntnis des Gesundheitszustandes eines Spitzenpolitikers, insbesondere wenn er in seiner Arbeitskraft eingeschränkt und in der Ausübung seines Amtes behindert ist, oder auf Kenntnis der Interessenbindungen seiner nächsten Angehörigen, nicht aber der Einzelheiten seines Intimlebens.

■ *Erwartung des potenziellen Medienopfers an die Öffentlichkeit.* Öffentlichkeitsarbeiter wie Politiker, Geschäftsleute, Künstler sind auf die Kooperation der Medien angewiesen und haben diese in ihrem präventiven Kalkül zu berücksichtigen. Dagegen trifft dies beispielsweise für einen im Anstellungsverhältnis Besoldeten nicht zu.

■ *Schweregrad der verheimlichten Affäre.* Das Fahren in angetrunkenem Zustand oder Steuerhinterziehung sind bei einem Regierungsmitglied, das sich einer Wahl oder Wiederwahl stellen muss, ein beruflich-existenzielles Todesurteil, wenn sie ans Licht kommen. Dagegen stellen Falschparken oder einmalige Geschwindigkeitsüberschreitung ein deutlich geringeres Risiko dar.

■ *Verheimlichungsbedarf.* Informationen über finanzielle Verhältnisse eines Politikers können schwerwiegendere Folgen haben, wenn er peinliche Nachforschungen über seine geleisteten Steuerpflichten befürchten muss. Eheliche Untreue ist selbstredend bei einem Pfarrer bedeutend verheimlichungsbedürftiger als bei einem liberalen Politiker.

■ *Perspektive.* Es stellt sich die Frage, ob eine Verheimlichung im Augenblick, für kurze oder längere Zeit aufrechterhalten werden muss, beispielsweise im Hinblick auf eine Wahl, einen Vertragsabschluss oder eine Ernennung.

■ *Erfolgsaussichten der Verheimlichung.* Zu beurteilen ist, ob eine Verheimlichung definitiv durchgehalten werden kann oder die Aufdeckung nur eine Frage der Zeit ist (Zeitbombe).

Die Systematik der Prävention kann sich zum einen nach der *Opferkategorie* richten. Zu diskutieren sind dabei die spezifischen Abwehrstrategien gegen die Paparazzi-Methoden, gegen das

Outing, gegen Falschdarstellungen, gegen die Tribunalisierung, Instrumentalisierung, Ignorierung und Stigmatisierung. Sie kann sich aber auch auf die *Phase der Medienkampagne* beziehen.

2.4.1 Die phasenspezifische Prophylaxe

In Bezug auf die Phase der Medienkampagne lassen sich vier Arten der Prophylaxe unterscheiden:

1. *Die antizipatorische Prophylaxe (Vorfeldprophylaxe).* Es handelt sich hier um eine Vorfeldprophylaxe, also die Abwehrstrategie im Vorfeld einer Medienkampagne, in Erwartung einer möglichen zukünftigen Aggressivität der Medien.
2. *Die primäre Prophylaxe (Initialprophylaxe)* betrifft die Abwehrmaßnahmen unmittelbar vor oder nach Beginn der Medienkampagne. Es handelt sich hier um das Eröffnungsspiel in der Auseinandersetzung mit der medialen Aggressivität.
3. *Die sekundäre Prophylaxe (Verlaufsprophylaxe).* Hier geht es um die Reaktionen nach Beginn und während der ganzen Medienkampagne.
4. *Die tertiäre Prophylaxe (therapeutische Prophylaxe).* Hier geht es um die Verhinderung der Medienopfersymptomatik nach Abklingen der Medienkampagne, wenn der Mediensturm und die mediale Beachtung schon vorüber sind.

Die antizipatorische Prophylaxe (Vorfeldprophylaxe)

Diese Prophylaxe kann man an einem neu gewählten Politiker oder Beamten vorführen, der bisher eine frühere Verfehlung (wie z.B. Fahren in angetrunkenem Zustand oder Mitgliedschaft in einer kriminellen Vereinigung) verheimlichen konnte, aber mit einer Aufdeckung rechnen muss. Auch stellt sich die Frage der antizipatorischen Prophylaxe für jede Autoritätsperson, die bei der aktuellen Skandalisierungsmanie der Boulevardmedien damit rechnen muss, früher oder später ins Kreuzfeuer der Kritik zu geraten. Folgende Empfehlungen sind hier zur Auswahl, zur Anwendung je nach den besonderen Verhältnissen zu beherzigen:

▪ *Vermeiden von Idealisierung.* Der potenzielle Medienopferkandidat ist gut beraten, von sich selbst kein Idealbild eines Alleskönners aufzubauen und sich idealisierenden Projektionen auf ihn von allem Anfang zu widersetzen. Denn gewöhnlich folgt nach dem Aufstieg der Fall, nach der Idealisierung die Entidealisierung. Besonders die Dramaturgie der Boulevardmedien ist darauf ausgerichtet, zuerst die Geburt eines Helden zu zelebrieren und nachher dessen Sturz vom Sockel, dessen Hinrichtung. Wer sich nicht auf das hohe Ross setzen lässt, riskiert auch nicht, herunterzufallen. Er kann sich schon von Anfang an eine sichere niedrige Fallhöhe zurechtlegen.

▪ *Vermeiden von Perfektionismus.* Pflege und Verbreitung eines Images von Unfehlbarkeit erhöhen die Wachsamkeit der Medienschaffenden und lösen bei diesen nur allzu leicht eine kleinliche Fehlerkontrolle mit übertriebener Kritik- und Disqualifikationsbereitschaft aus.

▪ *Verzicht auf jeden Medienkontakt.* Der Versuch, die Aufmerksamkeit der Medien auf das Notwendige zu reduzieren und im stillen Arbeitszimmer zu verharren, kann vielleicht die erwünschte Nichtbeachtung durch die Medien bewirken. Oft stehen aber Mediengeilheit und Geltungsbedürfnis dieser Strategie im Wege. Diese kann im Übrigen oft auch nur beschränkte Zeit aufrechterhalten werden.

▪ *Aktive Medienkontaktstrukturierung.* Im Gegensatz zur Medienvermeidung als quasi eigene Tarnkappe kann die dominante, in Führung gehende Medienarbeit mediale Aufmerksamkeit und Aktivitäten von vornherein in die gewünschten Bahnen lenken und unerwünschte Skepsis und Neugier erfolgreich abwehren.

▪ *Flucht nach vorne.* Die völlige Offenbarung eines moralisch belastenden Geheimnisses (wie Fahren in angetrunkenem Zustand, Vorstrafen, finanzielle Nöte etc.), oftmals verbunden mit Selbstkritik oder mutigem Bekenntnis, kann erstens der medialen Recherchier- und Vernichtungslust den Wind aus den Segeln nehmen und zweitens in der weiten Öffentlichkeit eine Sympathie- und Solidaritätswelle auslösen.

Die primäre Prophylaxe (Initialprophylaxe)

Sie setzt nach dem Startschuss der medialen Kampagne, nach den ersten Aufdeckungen und Bloßstellungen ein. Auch hier kann man je nach unterschiedlichen Verhältnissen folgende Vorgehensweisen erwägen:

- *Konsequente Verweigerung und Zurückhaltung des Privaten.* Es geht hier darum, nicht den kleinen Finger zu geben und dadurch ein mediales Fortsetzungsverhalten auszulösen.
- *„No Comment"-Haltung.* Sie ist die absolute Verweigerung, eine Null-Komma-Null-Stellungnahme.
- *Auf der Ebene der Chefredaktion die mediale Grenzüberschreitung abstellen.* Oft können berechtigte Empörung, Androhung von rechtlichen Schritten oder auch nur der Appell an den Anstand den Aktionismus stoppen.
- *Flucht nach vorne durch Offenlegen und Selbstkritik.* Oft ist nach dem Eröffnungsspiel die Gelegenheit noch nicht verpasst, durch Offenheit und Selbstkritik die Aggressivität der Medien abzufangen, ganz im Sinne Wilhelm Buschs im Gedicht „Selbstkritik": „Auch schnapp ich drittens diesen Bissen / vorweg den andern Kritiküssen." Offenheit ist die beste Tarnung, ist hier die Devise.
- *Souveräne Selbstbestimmung.* Oft gelingt es, die mediale Neugier in Grenzen zu halten und eine Ernüchterung des medialen Eifers herbeizuführen. Dafür muss der von den Medien Bedrängte deutlich seinen Anspruch geltend machen, jederzeit selbst die Grenze zwischen Öffentlichkeit und Privatsphäre nach eigenem Gutdünken zu ziehen. Er verhält sich damit wie ein Gastgeber, der dem Gast gewisse Bereiche seiner Wohnung oder seines Hauses öffnet, wie etwa das Wohn- und Esszimmer, aber den Zutritt zu Schlafzimmer, Keller und Dachboden vorenthält. Der Totalitäts- und Vollständigkeitsanspruch der Medienschaffenden wird dadurch in Frage gestellt, das „bis hierher und nicht weiter" vom Medienopfer verfügt.

Die sekundäre Prophylaxe (Verlaufsprophylaxe)

Die sekundäre Prophylaxe ist gewissermaßen eine verspätete antizipatorische und / oder verspätete primäre Prophylaxe. Hier geht es um die Frage, ob verspätet noch eingelenkt werden soll oder nicht. Das ist je nach der individuellen Konstellation durch folgende Optionen möglich:

- *Ausführliche Richtigstellung.* Durch eine gründliche und detaillierte Informationspraxis und Klärung soll die überhitzte Me-

dienkampagne abgekühlt werden, die Herde in der Gerüchte-
küche werden gewissermaßen abgeschaltet. Spekulationen, die
ins Kraut geschossen sind, brechen dann oft in sich zusammen.
Dadurch gelingt häufig auch eine Verlagerung der Schuldgefühle
auf die Seite der Angreifer.

- *Mitspielen.* Wenn die primäre Prophylaxe die medialen Attacken
  nicht zum Stillstand gebracht hat, vermag ein Sicheinlassen auf
  das Katz- und Mausspiel, auf ein Pingpong mit dem Medienpart-
  ner dem emotionalen Bedürfnis einer aufgeregten Medienwelt
  und Öffentlichkeit Genüge zu tun. Das Mitspielen dient einzig
  der Befriedigung des dialogischen Bedürfnisses. Das Spiel wird
  oft so weit getrieben, bis es sich erschöpft, und endet häufig in
  einer sportlichen Kameradschaft wie zwischen zwei gegeneinan-
  der antretenden Spielgegnern.
- *Volles Geständnis.* Durch Übernahme der Verantwortung für
  einen Skandal wird oft der Anklagemanie der medialen Kritiker
  die Spitze abgebrochen. Die Affäre kommt zu einem schnellen
  Abschluss, manchmal auch mit einem Zuwachs an Achtung und
  Respekt, die eine ehrenhafte Verantwortungsübernahme hervor-
  zurufen vermag.
- *Agendasetting.* Manchmal ist auch noch während einer anhaltenden Medienkampagne eine gelassene und dominante Bestim-
  mung des Zeitplans geeignet, den Medienrummel in geordnete
  und gesittete Bahnen zu lenken.
- *Entrüstung über den Medienstil.* Andererseits kann auch noch
  während einer laufenden Medienkampagne die empörte Zu-
  rechtweisung der entgleisten Medienschaffenden, verbunden
  mit der Weigerung, sich auf ein unwürdiges Katz- und Mausspiel
  einzulassen, das Mittel der Wahl sein.
- *Profitieren vom Underdog-Effekt.* Eine andere Variante ist die
  bewusste dauerhafte Übernahme der Opferrolle, oft auf weite
  Sicht, bis die Medienaggressivität ins Gegenteil umschlägt und
  ein Mitleidseffekt eine Solidaritätswelle auslöst.

Die tertiäre (therapeutische) Prophylaxe

Es handelt sich hier eigentlich um die Behandlung der von den
Medien geschlagenen Wunden. Die brennende Frage ist hier: Wie
überlebt das Medienopfer nach Abflauen der Medienkampagne

mit ihren Folgen, den blutenden Wunden – jetzt allein auf dem verlassenen medialen Schlachtfeld? Es gilt vor allem zu verhindern, dass die Medienverletzung sich chronifiziert und sich zum beherrschenden Lebensinhalt für den Rest des Lebens entwickelt. Folgende Perspektiven und Maßnahmen sind ins Auge zu fassen:

- *Medienverletzungen nicht fixieren.* Man sollte einen Weg finden, über das erlittene Ungemach allmählich hinwegzukommen und keine griesgrämige, sauertöpfische Persönlichkeit voller Bitterkeit zu entwickeln.
- *Neuanfang.* Man sollte versuchen, die Wunden vernarben zu lassen, ein Wiederaufrichten zu wagen, mit einer neuen zusätzlichen Identität sich von den schmerzlichen Erinnerungen abzulenken.
- *Eine gute Vernarbung.* Wichtig ist, die erlittene Persönlichkeitsverletzung auf eine gutartige Weise zu bewältigen, die Medienaggressivität als Lebenserfahrung zu verbuchen und dem Ungemach einen Stellenwert und Sinn im biografischen Kontext und Konzept einzuräumen.

2.4.2 Prophylaxe für die einzelnen Opfertypen

Abwehrstrategie für Paparazziopfer

Hier steht die Frage im Vordergrund, wie man sich des medialen Ansturms erwehren und diesen in Grenzen halten kann. Folgende Methoden bieten sich dafür an:

- souveräne Missachtung,
- formale oder inhaltliche Ruhigstellung („Der Präsident erfreut sich bester Gesundheit …"),
- aus passiver in aktive Position gehen („umfassende Medienmitteilung, Pressekonferenz anberaumen"),
- Entpersonalisierung: Krise als objektive und nicht subjektive, personenbezogene Erscheinung darstellen,
- Frustrationsintoleranz der Paparazzi deuten.

Beispiel: Die Drillingsgeburt der Schönheitskönigin. Eine Schönheitskönigin gebar in einer Privatklinik Drillinge. Eine Heerschar von Journalisten und Fotoreportern umstellt die Klinik und das Haus der Verwandten der Mutter. Chefarzt und Angehörige geben gemeinsam ein Communiqué heraus, in dem sie erklären, dass jeglicher Kontakt unerwünscht sei und abgelehnt werde und dass zu gegebener Zeit, aber nicht vor einem Monat, ausgewählte Journalisten und Fotografen für ein Interview und einen Fototermin empfangen würden. Dem Chefredakteur einer besonders penetranten und impertinenten Boulevardzeitung wird ein Protestschreiben übermittelt – mit Strafandrohung bei nochmaligem Versuch, die Persönlichkeitssphäre zu verletzen.

Abwehrstrategie für Outingopfer

- Antizipatorische Prävention im Vorfeld: Flucht nach vorne durch Offenlegung der geheimgehaltenen Information,
- Beanspruchen der Selbstbestimmung über die Grenze zwischen privat und öffentlich,
- „No Privacy"-Haltung,
- dezidierte Beanstandung,
- bloßstellende Klärung der medialen Motivation und Absicht,
- Kontaktaufnahme mit Chefredaktion.

Beispiel 1: Der bissige Hund des Zoodirektors. Ein neu ernannter Zoodirektor trat sein Amt mit einem Makel an: Vor zehn Jahren war er, damals noch ein unbekannter Oberassistent in einem wissenschaftlichen zoologischen Institut, von seinen Nachbarn verklagt worden, weil sein Hund deren Kind angefallen und durch Bisswunden verletzt hatte. Ihm war auch vorgeworfen worden, dass er sich nicht entschuldigt und erst nach langem Zögern den Übeltäter habe einschläfern lassen. Nach seiner Ernennung rechnete er damit, dass diese brisante Geschichte der Sensationspresse bald zugespielt würde. Er hatte von einem recherchierenden Journalisten erfahren, der auch in tierschützerischen Kreisen versuchte, Emotionen anzuheizen – mit der Zielrichtung, den neu gewählten Zoodirektor als unsensible und für seine neue Aufgabe ungeeignete Persönlichkeit schlagzeilenträchtig darzustellen. Dieser nahm aber der sich anbahnenden Kampagne den Wind aus den Segeln, indem er schon bei der zweiten kurzfristig anberaumten Pressekonferenz spontan über eigenes Fehlverhalten im Umgang mit Tieren freimütig berichtete und dabei auch diesen Vorfall ausführlich schilderte. In allen Medien wurde er aufgrund seiner Offenheit und Selbstkritik als besonders sympathische und integre Persönlichkeit und vorbildliche Führungspersönlichkeit gepriesen. Die Hetzkampagne der Boulevardzeitung unterblieb.

Beispiel 2: Das Privatleben der Politikerin. Eine junge Politikerin lebte in einer lesbischen Beziehung mit einer Musiklehrerin und deren Tochter in einem schönen Einfamilienhaus am Rand der Stadt. Die Wände ihres Hauses schmückten einige wertvolle Bilder bedeutender Maler aus dem Erbe ihrer Großeltern. Nach der Wahl in ein höheres Amt versuchten verschiedene Journalistinnen und Journalisten sie für eine Homestory zu gewinnen. Sie erklärte wiederholt, dass sie das Private vom Politischen strikt trenne und dies zu respektieren sei. Ihr Privatleben betreffende Fragen wies sie konsequent zurück. Dies wurde von den Medien und der Öffentlichkeit akzeptiert und trug ihr den Ruf einer besonders sachlichen und nüchternen, unaufgeregten Politikerin ein.

Beispiel 3: Die finanziellen Verhältnisse des Schönheitschirurgen. Ein vermögender Schönheitschirurg hatte es unterlassen, seine Steuerdaten im Finanzamt sperren zu lassen. Ein junger recherchierender Journalist nahm mit ihm Kontakt auf und wollte über seine Einkommens- und Vermögensverhältnisse detaillierte Angaben verlangen. Der bedrängte Großverdiener verweigerte jegliche Auskünfte, nahm unverzüglich mit dem Chefredakteur Kontakt auf und beanstandete die investigative Recherchiermethode des Jungjournalisten, von dem er sich ungebührlich bedrängt fühlte. Der Chefredakteur entschuldigte sich bei ihm und veranlasste unverzüglich, dass dieses Recherchier- und Enthüllungsvorhaben seines eifrigen Mitarbeiters unterblieb.

Abwehrstrategie für Lügen- und Falschdarstellungsopfer

Das probate Mittel der Abwehrstrategie sind hier *Gegendarstellung* und *Richtigstellung*. Dabei muss man vor allem darauf achten, dass die *ganze* fehlinformierte und irregeführte Öffentlichkeit wieder erreicht wird. Ort der Platzierung, Größe und Prägnanz der Aufmachung und Zeitpunkt sind so auszuwählen, dass dieses Ziel erreicht wird. Es wird verfehlt, wenn die Falschmeldung an prominenter und die Korrektur an wenig beachteter Stelle – als Kleingedrucktes, in Semesterferien etc. – veröffentlicht werden. Es drängt sich allenfalls auch auf, die Richtigstellung zu wiederholen. Eine Wunde durch einen Messerstich kann gewöhnlich auch nicht mit nur einem einzigen chirurgischen Nadelstich wieder geschlossen werden.

Eine Richtig- und Gegendarstellung kann aber auch kontraproduktiv sein. Vor allem wenn es um die Richtigstellung von Teilfalschheiten geht, wird der Bekanntheitsgrad der Teilwahrheit noch vergrößert. Das fördert die Aufmerksamkeit und eher eine Verschlimmbesserung. Auch setzt sich das Opfer manchmal der Gefahr aus, als überempfindlich wahrgenommen zu werden.

Beispiel 1: Die identischen Initialen. Ein Arzt war wegen unzüchtiger Handlungen mit Jugendlichen angeklagt. Dabei wurden nur seine Initialen erwähnt. Er war aus der Untersuchungshaft bereits entlassen worden und wartete auf den Prozess. Die Veröffentlichung der Anklage löste aber eine Entrüstungswelle in der Bevölkerung aus, die sich in geharnischten Leserbriefen niederschlug. Ein anderer Arzt, der die gleichen Initialen besaß, wurde in seiner Region für den Angeschuldigten gehalten. Er erhielt viele anonyme Briefe und Telefonanrufe. Zahlreiche Patienten meldeten sich von den vereinbarten Terminen ab, viele ohne einen Grund anzugeben, und die Zahl der Neuanmeldungen ging markant zurück. In einem prominent platzierten Leserbrief mit deutlicher Titelaussage stellte er den Irrtum richtig. Darüber wurde auch in einigen Artikeln kurz berichtet. Nach kurzer Zeit kehrten seine Patienten in die Praxis zurück.

Beispiel 2: Nachteile einer Richtigstellung. In einer kurzen Prozessberichterstattung wurde mitgeteilt, dass ein mittlerer Beamter eines Schulamts wegen Herunterladens von unerlaubtem pornografischem Material im Internet zu einer bedingten Gefängnisstrafe verurteilt und entlassen worden sei. In Wahrheit wurde er aber vom Gericht freigesprochen, jedoch in seinem Amt aufgrund eines Disziplinarverfahrens wegen übermäßigen Konsums von erlaubten pornografischen Bildern während der Arbeitszeit zurückgestuft. Die Meldung war am Ende der Sommerferien und außerdem infolge eines redaktionellen Fehlers nur in einem Teil der Auflage veröffentlicht worden. Der Betroffene befürchtete, durch eine Klarstellung der Falschmeldung Verwandte und Bekannte, die diese möglicherweise gar nicht gelesen hatten, auf die für ihn doch unrühmliche Konsumsucht von pornografischem Material aufmerksam zu machen. Er unterließ daher die Richtigstellung. Insbesondere befürchtete er, dass seine Großeltern, die sich gerade auf dem Rückweg vom Urlaub befanden, ihn mit einer Enterbung bestrafen könnten, wenn sie von seinem Pornokonsum erführen.

Beispiel 3: Peinlichkeit einer Richtigstellung. Von einem bekannten Publizisten hieß es in einem Zeitungsbericht, er sei viermal geschieden. In Wahrheit war er aber nur dreimal geschieden. Um die Verhältnismäßigkeit zu wahren und aus Angst, sich bei einer Richtigstellung der Lächerlichkeit preiszugeben, unterließ er diese im Bewusstsein, dass die falsche Zahl weiterhin zitiert und im Umlauf sein würde. Einige Wochen später erhielt er vom Gegenanwalt des letzten Scheidungsprozesses einen eingeschriebenen Brief, in welchem er höflich um die vollständigen Angaben über seine früheren Eheschließungen und Scheidungen gebeten wurde.

Abwehrstrategie für Tribunalisierungsopfer

Medienopfer, die in den Fokus von Moralisierung und Tribunalisierung geraten, sind Falschdarstellungen, Halbwahrheiten, Fehlinterpretationen und Einseitigkeiten hilflos ausgeliefert. Sie leiden an einer ständigen Verweigerung des rechtlichen Gehörs. Zum einen eignen sich alle Abwehrstrategien, die auch für die Outing- und Falschdarstellungsdramatik in Frage kommen. Zusätzlich ist aber zum anderen auch eine solidarische

Unterstützung und Gegenbewegung angezeigt, welche in die Debatte mit Richtigstellungen, Gegenstandpunkten und Appellen an Vernunft und Besonnenheit eingreifen.

Beispiel: Der Fundraiser. Ein Absolvent eines Wirtschaftsstudiums initiierte ein Fundraising für ein gemeinnütziges Projekt, das aufgrund einer geschickten Öffentlichkeitsarbeit gut anlief. In der Aufbauphase wurde aber mit den eingegangenen Spenden die Etablierung der Infrastruktur einschließlich der Bezahlung der Mitarbeiter finanziert. Sie konnten daher noch nicht dem eigentlichen Spendenzweck zugeführt werden. Aufgrund eines Zeitungsartikels wurde gegen ihn Anklage wegen zweckentfremdeter Verwendung der Spendengelder eingeleitet. In einer Serie von Berichten und Kommentaren, die in der Medienwelt immer weitere Kreise zogen, wurde er als Betrüger hingestellt. Gefördert durch die lebhaften öffentlichen Debatten in Leserseiten, Diskussionsrunden und Chatrooms veränderte sich die öffentliche Meinung ganz zu seinen Ungunsten. Es gelang ihm dann aber, einige prominente Exponenten der Wirtschaft für sich einzuspannen. Diese rückten in deutlichen Worten die vermeintlichen Verfehlungen des Fundraisers ins richtige Licht. Die Hetzkampagne flaute in der Folge ab, und die Spenden gingen nach einer gewissen Zeit wieder in der früheren Höhe und Häufigkeit ein.

Abwehrstrategie für Instrumentalisierungsopfer

Das einzige spezifische Mittel, um dem Schicksal als Instrumentalisierungsopfer zu entgehen, ist die Verweigerung. Diese Haltung setzt die Bereitschaft voraus, auf reale oder vermeintliche Vorteile wie Prominentenstatus und erhöhten Bekanntheitsgrad zu verzichten.

Beispiel: Nicht verheizen lassen in der Reality-Show. Ein Zimmermann, Mitte zwanzig, wurde für eine Reality-Show als einer von zehn Mitspielern auserkoren. Er erhoffte sich durch den Bekanntheitsgrad eine spätere Karriere im Showbusiness. Schon in der Anlaufphase der vielbeachteten Sendung merkte er an den Publikumsreaktionen, dass er im Soziogramm oder in der Meinungsbildung der Zuschauer schlecht dastand und als Verlierer vorgesehen war. Es wurde ihm klar, dass er als einer der ersten Ausgeschiedenen bald in Vergessenheit geraten würde, nachdem man zuvor seine angeblichen charakterlichen Defizite und Schwächen im öffentlichen Gerede noch genüsslich breitgetreten hätte. Er rang sich daher selbst zum Entschluss durch, von diesem Medienspiel zurückzutreten und sich wieder seiner früheren beruflichen Ausrichtung zuzuwenden.

Abwehrstrategie für Stigmatisierungsopfer

Das Stigmatisierungsopfer ist ein Sonderfall des Falschdarstellungsopfers. Weil es im öffentlichen Bewusstsein nur noch anhand eines einzigen Merkmals figuriert und ausschließlich mit diesem identifiziert wird, muss es sich gegen Missverständnisse und unangemessene Behandlung durch die Mitmenschen dauernd wehren. Es kann sich nicht seiner authentischen Persönlichkeit gemäß entfalten. Es ist in das Prokrustesbett des öffentlichen Vorurteils eingezwängt. Um sich daraus zu befreien, ist das geeignete Mittel zunächst die *Richtigstellung*. Diese vermag aber oft das Stigma nicht auszuräumen, weil es zu tief im emotionalen Bedürfnis des Publikums verankert ist. Eine besondere Methode, um aus der Sackgasse der Stigmatisierung herauszukommen, ist die *Vermehrung der Stigmata*. Dieses Vorgehen richtet sich nach der berühmten Brecht'schen Empfehlung, einen Skandal durch die Inszenierung eines neuen in den Schatten zu stellen und in Vergessenheit geraten zu lassen. Durch Ausweiten der Stigmatisierung kann eine Mehrfachprofilierung erreicht werden. Ein Schauspieler, der bisher auf eine Detektivrolle festgelegt war, bringt sich dadurch auch als Liebhaber und Edelmann ins Gespräch.

Beispiel 1: Der unglückliche Suchtspezialist. Ein Arzt mit einer fundierten Ausbildung als Psychoanalytiker und Psychotherapeut, der sich auf die Behandlung von neurotischen Krankheiten spezialisiert hatte, unterbrach seine Praxistätigkeit, um in einer Drogenberatungsstelle eine einjährige Assistenzzeit zu absolvieren. Damit konnte er die neuen Anforderungen für den Erwerb eines Facharzttitels in Psychiatrie erfüllen. Er hatte aber im Sinn, später wieder ganz als Psychoanalytiker in eigener Praxis zu arbeiten. Aus familiären Gründen musste er alsbald seine berufliche Tätigkeit in eine andere Stadt verlegen. Er versuchte dort, an die psychoanalytischen Kreise Anschluss zu finden. In einem Zeitungsartikel wurde er aber als Suchtspezialist mit Erfahrungen in Antabuskuren und Methadonbehandlungen wärmstens willkommen geheißen, verbunden mit der Hoffnung, dass er wesentlich zur Entlastung der überforderten Suchtbehandlungszentren in der Region beitragen könne. Er wurde nun mit Anmeldungen von schwerst suchtkranken Patienten seitens der Sozialbehörden, Kliniken und niedergelassenen Ärzte überschwemmt. Von den psychoanalytischen Kreisen wurde er als Tiefenpsychologe „nicht ernst genommen" und nicht empfohlen.

Er publizierte nun auf der Feuilletonseite einer angesehenen Tageszeitung, und später auch noch in einer Wochenzeitung, zwei fundierte und ansprechende Aufsätze über ein psychoanalytisches Thema. Es gelang ihm dadurch, sein Stigma als Antabus- und Methadonarzt loszuwerden und sich als gefragte Adresse für psychoanalytische Behandlungen zu installieren – entsprechend seiner ursprünglichen beruflichen Intention.

Beispiel 2: Die gelungene Umstigmatisierung. Ein Politiker hatte sich in einem Regierungsamt durch stille, aber solide und fleißige Arbeit große Verdienste erworben, weil er viele Projekte erfolgreich realisieren konnte. Er war nicht der Mann der großen Worte, sondern der vielen kleinen, aber wertvollen Taten. Ein Jahr vor seiner vorgesehenen Pensionierung kümmerte er sich schon um seinen Nachruhm. Da ereignete sich erstmals eine Panne in seinem Ministerium, als ein Kollege eine gravierende, folgenschwere Nachlässigkeit beging. Er wurde als Mitverantwortlicher an den medialen Pranger gestellt und riskierte, nach vieljähriger aufopfernder Tätigkeit von der Presse und der öffentlichen Meinung bald als Versager verabschiedet zu werden. Sein Name wurde fast nur noch in Verbindung mit dem Skandal genannt, ohne Würdigung seiner Gesamtleistung.

Er zog nun einen Medienberater bei und leitete auf dessen Empfehlung erfolgreich eine Informationsoffensive ein durch Broschüren, Pressekonferenzen und Hintergrundberichte in den Zeitungen, in welchen die Entwicklung und die Arbeit in seinem Ministerium seit der Amtsübernahme durch ihn sachlich und ausführlich präsentiert wurden. Dies führte zu einer eindrücklichen Wende in seiner Beurteilung durch die Medien, die ihm ein ausgezeichnetes Abgangszeugnis gaben und den Skandal als Ausnahme, der die Regel bestätigt, einstuften. Es kam auch zu einer „Umstigmatisierung", indem er fortan nur noch randständig im Zusammenhang mit dem Skandal, dafür aber immer wieder als Initiator zweier Projekte genannt wurde, die nun in der medialen Sprachregelung und auch im Jargon der Bevölkerung seinen Namen trugen. Er hatte also durch diese Medienoffensive erfolgreich eine Rehabilitierung zustande gebracht.

Abwehrstrategie für Ignorierungsopfer

Es gibt keinen verbrieften Anspruch auf Öffentlichkeit. Aus diesem Grund ist es schwierig, sich gegen Totschweigen zu wehren. Durch Selbstlob, marktschreierisches Gehabe und Aufdringlichkeit überschreiten viele öffentlichkeitsbedürftige Zeitgenossen die Grenzen von Bescheidenheit und Würde. Hängt aber das private und berufliche Überleben von der Beachtung durch die Öffentlichkeit ab, ist die Versuchung zu Grenzüberschreitungen groß. Die Strategie zur Überwindung des medialen Schattendaseins hängt von den Motiven und Ursachen der Missachtung ab. Folgende Methoden können in Betracht gezogen werden:

- Bekanntmachung, Informationskampagne,
- schrille und wirkungsvolle Selbstdarstellung,
- lieber negativ als gar nicht auffallen (bei Rezensionen) nach dem Motto „lieber berüchtigt als unbekannt",
- Beanstandung der medialen Missachtung bei den verantwortlichen Stellen,
- sich als verkanntes Genie mit der Hoffnung auf späte Ehre und ewigen Nachruhm installieren.

Beispiel 1: Die übergangene Partei. In einer wöchentlichen Diskussionsrunde in einem Lokalfernsehsender war eine kleinere Partei nie vertreten, während die größeren und auch eine andere Splitterpartei mit ihren wichtigsten Vertretern regelmäßig präsent waren. In der Mitte der Wahlperiode protestierte die übergangene Partei bei der Chefredaktion und appellierte an das Fairnessprinzip und an die demokratische Gesinnung. Sie wurde nun alternierend mit der anderen Splitterpartei zugelassen und ließ sich immer durch eine rhetorisch brillante Exponentin vertreten. Diese verstand es, durch ihre überragende Eloquenz die anderen Teilnehmer der Bildschirmdebatte an den Rand zu spielen. Die Partei errang dann bei der Neuwahl des Parlamentes einen überwältigenden Sieg.

Beispiel 2: Der neue Starpianist. Ein Pianist gab in jährlichem bis zweijährlichem Rhythmus einen Soloabend in der Konzerthalle der Stadt, in der er wohnhaft war. Die Reihen füllten sich zwar mit Fans aus seinem Bekanntenkreis, aber er blieb stets von der Kritik unbeachtet und ein Lokalmatador. Um sein musikalisches Mauerblümchendasein zu beenden, entschloss er sich zu einem ungewöhnlichen Auftritt. Er kündigte ein Konzert eines Pianisten aus einem östlichen exotischen Land an, der u. a. auch eine bisher noch nie gespielte, neu entdeckte Partitur eines der weltberühmtesten Komponisten uraufführen werde und mit einer neuen Interpretationstechnik klassischer Klavierstücke aufwarte. In den Medien wurde bereits im Vorfeld ein musikalisches Großereignis angekündigt, und der Konzertsaal war restlos ausverkauft.

Der Pianist erschien in aufsehenerregender Aufmachung, mit Löwenmähne und in wallendem Gewande und erntete bis zur Pause frenetischen Beifall. Nach der Pause erschien er auf der Bühne und entledigte sich demonstrativ seiner Tarnkleidung und stellte sich für Konzertbesucher und -besucherinnen, die ihn jetzt noch nicht erkannt hatten, als Musiklehrer und Lokalpianist vor, bevor er den zweiten Teil des Abends mit konventionellen Klavierstücken und Interpretationen absolvierte. Die angebliche Uraufführung, mit der er im ersten Teil einen großen Begeisterungssturm entfacht hatte, entlarvte er als Eigenkomposition. Der Soloabend fand weit über die Stadt- und sogar teilweise über die Landesgrenzen hinaus große Beachtung und war der Anfang für eine rege Konzerttätigkeit des nun vielbeachteten und begehrten Pianisten. Seine Auftritte wurden seit diesem spektakulären Konzertereignis immer von Rezensenten besucht.

Beispiel 3: Der Anspruch auf einen Verriss. Ein Lehrer hatte schon mehrere Gedichtbände publiziert, die in den Zeitungen, denen er sie regelmäßig mit einem höflichen Begleitbrief von seinem Verlag zuschicken ließ, nie besprochen wurden und so gut wie gar keinen Absatz fanden. Als ein neuer Band ebenfalls unbeachtet blieb, rief er den Feuilleton-Redakteur an, der ihm mitteilte, dass seine Gedichte beim zuständigen Rezensenten keinen Anklang fänden und man ihn von einer negativen Bewertung habe verschonen wollen. Der Dichter insistierte aber auf seinem Anspruch auch auf eine negative Besprechung, ja sogar auf einen Verriss. Der zuständige Rezensent veröffentlichte nun eine vernichtende Kritik und ließ keinen guten Faden am Werk. Aber er löste dadurch eine Solidaritätswelle in einschlägigen Kreisen der Dichtkunst aus, ebenso wie Besprechungen in anderen Zeitungen, die auf den K.-o.-Schlag des Rezensenten mit eigenen Stellungnahmen und Wertungen reagierten. Das Büchlein wurde zu einem beachtlichen Verkaufserfolg, und sein Autor war in der Folge in einschlägigen Kreisen dauernd im Gespräch. Diese interessierten sich jetzt auch für alle seine früheren Publikationen.

2.5 Behandlung des Medienopfersyndroms

Der Verlauf des Medienopfersyndroms ist variabel. Er hängt von den Ressourcen der Persönlichkeit, des sozialen Umfeldes und von der Nachhaltigkeit der Schadenfolgen im Beruf und im privaten Bereich ab. Oft führen Schlafstörungen, Konzentrationsstörungen, Erschöpfungszustände, vegetative Begleitbeschwerden und soziophobe Ängste zu einer Beeinträchtigung der Erwerbsfähigkeit und zu einer notwendigen psychotherapeutischen Behandlung. Dabei stellt sich dann oft auch die Frage der Verschuldenshaftung. Bei deren Beurteilung muss man zweifellos auch den medienwirkungsfremden Faktoren Rechnung tragen, wie den vorbestehenden oder aktuellen Krankheiten und Persönlichkeitsstörungen. Außerdem ist die soziale und seelische Belastung durch jenes Ereignis zu bewerten, das zur aggressiven und verletzenden Form der Veröffentlichung Anlass gegeben hat, etwa ein Delikt oder ein beruflich-soziales Versagen und die dadurch bewirkten, befürchteten möglichen oder realen existenzbedrohenden Folgen wie Stellenverlust oder Strafverfahren.

Ähnlich wie bei der Behandlung von Folteropfern hängt der Erfolg der Therapie weniger von spezifischen Techniken als vielmehr von der therapeutischen Haltung ab. Die *therapeutische Haltung* soll geprägt sein von

- Verstehen und Verständnis,
- Vermittlung von Vertrauen und Sicherheit,
- Beachtung von Selbstbestimmung und Selbstverantwortung,
- solidarischer Stellungnahme,
- Benennung des Unrechts,
- Betonung der Stärken und Relativierung der Schwächen.

Die *psychotherapeutischen Interventionen* bestehen in

- empathischer Situationsanalyse,
- Ich-stärkender Unterstützung,
- klärender Aufarbeitung von Scham- und Schuldgefühlen,
- klärender Aufarbeitung der biografischen Zusammenhänge,
- Besprechung existenzieller Fragen,
- Entwurf von Optionen und Zukunftsvisionen.

Die Behandlung des Medienopfersyndroms (MOS) lehnt sich an jene des posttraumatischen Stresssyndroms und an jene des Mobbings an, ist aber an die besonderen Verhältnisse anzupassen. Vom posttraumatischen Stresssyndrom unterscheidet sich das MOS dadurch, dass das Trauma nicht verborgen ist. Es liegt offen zutage, ist oft dem Therapeuten schon vor der ersten Begegnung mit dem Opfer bekannt, so dass die Schwelle zum Ansprechen der traumatischen Verletzung nicht mit höchster Vor-

sicht und größter Behutsamkeit beschritten werden muss. Auch
wenn das Medienopfer wegen der gesundheitlichen Störung die
Behandlung aufsucht, so ist bei ihm in der Regel die Erwartung
oder jedenfalls die Bereitschaft vorhanden, über die medialen
Verletzungen zu sprechen. Es ist also nicht nötig, wie in der
Trauma-Psychotherapie, eine kontrollierte und dosierte Konfrontation mit den traumatischen Erinnerungen herbeizuführen,
um einen drohenden inneren Zusammenbruch zu vermeiden.

Mit dem Mobbingopfer teilt das Medienopfer die Angst
vor sozialem Tod als ein zentrales Symptom. Während jenes
grundsätzlich den Arbeitsplatz wechseln kann, kann dieses die
Öffentlichkeit nicht auswechseln. Es gibt für immer kein Entrinnen. Eine Therapie wird im Allgemeinen dann nötig, wenn
ein Betroffener im Verlauf einer Medienkampagne seelische
Schäden erlitten, etwa psychische Störungen entwickelt hat. Je
länger die mediale Schädigung anhält, desto wahrscheinlicher
wird dies. Es lassen sich grundsätzlich zwei Arten von Trau-
mata unterscheiden:

1. die nicht durch Menschen verursachten Naturkatastrophen
   oder Brandunfälle und
2. die durch Menschen verursachten, so bei Folter oder Verge-
   waltigung (man made disaster). Zur letzteren Variante gehört
   auch das MOS.

Wie bei vielen anderen seelischen Störungen ist bei der Behandlung von Medienopfern die Herstellung einer verlässlichen
und vertrauensvollen therapeutischen Beziehung von größter
Bedeutung. Der durch die Medienkampagne verwundete und
geschwächte Patient nimmt das Hilfsangebot meist besonders
offen und dankbar an. Er ist gleichzeitig äußerst empfindlich
gegenüber Kritik und geringsten Anzeichen von Zurückweisung. Im Vergleich zu anderen, etwa schwer depressiven oder
auch in ihrer körperlichen Integrität verletzten Patienten kann
er seine Wut und Empörung besser äußern und erscheint oft
kompetenter und handlungsfähiger. Und anders als diese hat
er in seinem Leben eine *reale* Niederlage zu bewältigen. Nicht
nur in seinem Gefühl kommt er sich klein und als Versager vor,
sondern er hat sein soziales Ansehen verloren und oft eine Nie-

derlage erlitten. Er will den Therapeuten in die Rolle des Verbündeten bringen, wodurch der Raum für eine sachliche und kritische Situationsanalyse eingeschränkt wird. Oft empfindet er Erklärungsversuche, Relativierungen oder gar von seinem eigenen abweichende Standpunkte als Zurückweisung. Allein die übliche gründliche Erhebung der Vorgeschichte kann bei ihm Misstrauen auslösen und das Gefühl, man glaube ihm nicht. Für den therapeutischen Umgang mit schwer traumatisierten Patienten sollte man drei Prinzipien berücksichtigen:

1) persönliche Sympathie,
2) stützende Haltung,
3) inhaltliche Neutralität.

Sympathie ist nicht identisch mit Empathie. Empathie bedeutet *Einfühlen* und ist ein methodisches Element der Gesprächstechnik vor allem in der psychoanalytischen Behandlung, eine Beobachtungsmethode zur Gewinnung tiefenpsychologischer Daten. Sie setzt voraus, dass wir zwischen unserer Welt und der eines Patienten eine Ähnlichkeit erkennen können. Sie ermöglicht uns, dessen Erleben zu verstehen. Sympathie bedeutet: *Mitfühlen* und ist die Voraussetzung dafür, dass sich nicht nur Einsichten in die Genese des Leidens bilden, sondern auch eine Heilung stattfindet (Ferenczi 1988). Sympathie ist die Voraussetzung für eine stabile und lange genug durchgehaltene therapeutische Beziehung.

Zusätzlich zur Sympathie bedarf es der Neutralität gegenüber den individuellen Wertevorstellungen des Patienten, etwa hinsichtlich sexueller Präferenzen oder religiöser Orientierung. Diese hilft vor allem auch, jederzeit alle durch den Patienten im Therapeuten ausgelösten Gegenreaktionen zu kontrollieren. Aber anwaltliche Überidentifikation mit dem Patientenschicksal, oft verbunden mit Rettungs- und Rachephantasien, kann die Sicht für die therapeutisch anzugehenden tieferen Konfliktneigungen abdecken. Sie kann durch eine neutrale Einstellung oder den Einblick in die eigenen Gegenübertragungsgefühle vermieden werden.

Die Patienten und Patientinnen, die von Medien öffentlich beschädigt sind, wünschen sich und brauchen Therapeuten, zu denen sie eine tragfähige, professionelle Beziehung entwickeln können und die sich ihnen gegenüber kompetent und redlich verhalten. Der Therapeut soll ausreichende und emotionale Distanz bewahren, damit sein Urteilsvermögen nicht durch seine Emotionen und Affekte getrübt wird. Dabei muss er aber immer ein lebendiger, interessierter und vor allem nicht allmächtig-bedrohlicher Therapeut bleiben, der ihm hilft, aus seiner Opferrolle herauszukommen. Die Haltung einer „sturen" moralischen Abstinenz mit ausschließlich „neutralem" Spiegeln kann auf die Betroffenen retraumatisierend wirken. Wo es der Überzeugung des Therapeuten entspricht, muss er das Unrecht klar als solches benennen und ein Werturteil abgeben. So ist es auch möglich, dass er das Verhalten der Medien als unverhältnismäßig einschätzt, auch dann, wenn er das auslösende Verschulden des Täters, wie etwa einen Betrug oder eine pädophile Handlung, moralisch verurteilt.

Wichtig ist, dass wir als Therapeuten MOS-Patienten Informationen über die Natur und Dynamik der Medientraumata geben. Den Betroffenen sollen die traumaspezifischen Symptome möglichst bald als normale Folgeerscheinung einer außergewöhnlichen und belastenden Situation vermittelt werden. Dabei muss die besondere Variante eines jeden Patienten bedacht und verständlich erläutert werden.

Die erste Phase einer Psychotherapie ist ganz an der Gegenwart und deren Bewältigung in der Innen- und Außenwelt des Patienten orientiert. Der Patient muss aus seiner Ohnmacht und Defensivität herausgeführt werden. Er muss lernen, mit seinen belastenden Symptomen umzugehen. Das Ziel ist psychische Stabilisierung, Stärkung der Persönlichkeit und innere Sicherheit. Um dies zu erreichen, sind manchmal auch tatkräftige Unterstützung, sofortige Interventionen und Beschaffung von Hilfe nötig, wie etwa Verschreibung von Beruhigungs- und Schlafmitteln, Ausstellung eines Zeugnisses für die vorübergehende Freistellung von der Arbeit und Gewährung eines Erholungsurlaubs. Das Gespräch mit ihm soll ihm auch die Möglichkeit geben, die Affekte von Wut und Zorn abzureagieren und die Emotionen in Worte zu fassen. Auch soll es ihm das Erlebte, das er oft kaum fassen kann, begreifbar machen

durch gemeinsames Besprechen des Ablaufs der Medienverletzung.

Erst wenn eine Beruhigung und ein solides, auf Vertrauen
beruhendes Arbeitsbündnis erreicht ist, wird es möglich, das
Medientrauma im Zusammenhang mit früheren traumatischen
Ereignissen und der Lebensgeschichte zu klären und zu bear-
beiten. Nur wenn der Patient ein gewisses Maß an Selbstver-
trauen zurückgewonnen hat, kann sich sein Blick zwanglos auf
andere Aspekte der Medienschädigung weiten und auch kritische Selbstbetrachtung zulassen. Er öffnet sich jetzt der Frage, welchen Anteil er selbst am Geschehen hatte, und er vermag
das Verhältnis von Selbst- und Fremdverschulden nüchtern zu
bewerten. Er kann dann mit dem Therapeuten gemeinsam auch
besser beurteilen, ob sein aktueller Zustand tatsächlich und
ausschließlich die Folge des „medialen Mobbings" ist oder bereits früher bestand und zu diesem Zustand beigetragen hat.

Mit der Zeit wird die innere und äußere Wiederanknüpfung
an eine sinnvoll erlebte Lebensweise möglich. Dazu gehört die
Auseinandersetzung mit der eigenen Identität, eine Neubewer-
tung von Prioritäten und Lebenszielen, Erprobung neuer Erfahrungen, vielleicht auch eine Wiederaufnahme abgebrochener
Beziehungen. Im Hinblick auf diese Zielsetzung hat die Behandlung ressourcenorientiert und autonomiestärkend zu sein.
In allen Stadien ist in der therapeutischen Arbeit ein Gleichgewicht zwischen der „Hier- und Jetzt-Arbeit" und einer re-
konstruktiven Erhellung der Vergangenheit anzustreben. Der
psychodynamische Ansatz ist klärend auf Beziehungs- und
Bedeutungsaspekte fokussiert.

Die Verarbeitung der medialen Verletzung und der oftmals
tiefgreifenden Identitätskrise bedarf einer Bewältigung der damit erlittenen Verluste existenzieller Art. Trauern ist das Gegenteil von Abwehr der Gefühle und Erstarrung in einer Verbitterung, die von Wut und Klagen genährt ist und verhindert,
dass die Trauer gespürt und gelebt werden kann. Dies wird
erst möglich, wenn es gelingt, das Geschehene loszulassen, als
Erfahrung innerlich abzuschließen und als gegebenes Lebens-
ereignis anzunehmen. Trauer zulassen bedeutet, die vielfältigen Verluste wahrzunehmen und schließlich zu akzeptieren:

Verlust von Verbindungen zu anderen, von Vertrauen zu den Mitmenschen, von Gefühl der Sicherheit in der Welt, von Vertrauen in sich selbst.

Eine erfolgreiche Verarbeitung der traumatischen Erfahrung kann zu ganz neuen, positiven Charakterzügen führen, wie Wahrhaftigkeit, Integrität, Sensibilität für andere Menschen und Bemühen um Gleichheit und Gerechtigkeit. Gleichzeitig muss man aber im Auge behalten, dass das Trauma grundsätzlich eine lebenslang erinnerte oder jedenfalls erinnerbare Erfahrung bleiben wird, auch wenn es in der Psychotherapie erfolgreich durchgearbeitet wurde. Das verlässlichste Verlaufs- und Erfolgskriterium der Behandlung ist die subjektive Lebensqualität. Der Rückgang der Symptomatik und das Gefühl, wieder sein Leben zu bewältigen, sind die Zeichen einer Remission. Die Erinnerung an das Medientrauma wird sich allerdings kaum tilgen lassen und kann den Patienten weiterhin belasten.

Behandlungsverläufe

Beispiel 1: Der Buhmann der Nation. Ein junger Zahnarzt in Ausbildung nahm an einer Quizsendung des Fernsehens teil. Er hatte viele Stunden in seiner Freizeit dazu verwendet, um sich sowohl auf seinem Spezialgebiet als auch in der ebenfalls geprüften Allgemeinbildung vorzubereiten. Bei einzelnen Fragen war ihm das Glück hold und brachte ihm einige Zufallstreffer ein. So gelangte er bis zur letzten Runde, in der ihm eine hohe Preissumme winkte, aber er konnte auch nach dem Alles-oder-Nichts-Prinzip völlig leer ausgehen. Die Augen von Millionen Zuschauern waren am Bildschirm auf ihn gerichtet, als er bei dieser sämtliche Fragen richtig beantwortete und damit einen triumphalen Sieg feiern konnte.

Einige Tage später stellte sich für die Spielverantwortlichen bei der Nachbesprechung heraus, dass ihm die richtigen Antworten von einer Mitarbeiterin oder einem Mitarbeiter kurz vor der Sendung zugespielt worden sein mussten. Er hatte sich verdächtig gemacht, als er auf eine der Quizfragen zuerst eine recht ausgefallene, aber richtige Antwort gab, die aber auf eine andere Frage zutraf. Diese war ursprünglich vorgesehen, jedoch im letzten Moment zurückgezogen worden. Er nahm die Antwort auf die nicht gestellte Frage sofort zurück und gab die richtige. Nach anfänglichem hartnäckigen Abstreiten legte er unter dem Druck der Beweislage ein Geständnis ab, wobei er aber die Komplizin nicht verriet. Die gewonnene Preissumme wurde ihm nicht ausbezahlt. Das gegen ihn angestrengte strafrechtliche Verfahren verlief wegen formaljuristischer Unstimmigkeiten im Sand.

Er war aber inzwischen zum Buhmann der Nation geworden und wurde von den Schlagzeilen der Boulevardmedien mit den übelsten Beschimpfungen bedacht. Er erhielt viele Schmähbriefe und anonyme Telefonanrufe mit Drohungen und Beleidigungen, wurde auch in seinem Bekanntenkreis mit Hohn und Spott übergossen und in seiner Familie als vertrauensunwürdige Person von verschiedenen Funktionen einer Stiftung entlassen. Wo immer er in Erscheinung trat, wurde er gestichelt und gefoppt – die Anspielungen auf sein Fehlverhalten nahmen kein Ende. Auch an seiner Ausbildungsstelle wurde ihm das Wohlwollen und die Unterstützung seines Chefs entzogen. Die Chance auf eine Anschlussstelle im eigenen Land verdüsterten sich bis zur Aussichtslosigkeit. So entzog er sich dem Rummel um seine Person durch einen Auslandsaufenthalt, den er mit Teilzeitanstellungen in verschiedenen medizinischen und paramedizinischen Bereichen überbrücken konnte.

Nach der Rückkehr in seine Heimat suchte er die Behandlung auf. Er litt seit dem Vorfall und der Medienkampagne an dauernder innerer Unruhe, Erregbarkeit und Schlaflosigkeit, an Gedankenkreisen um die Frage seiner in Frage gestellten moralischen Integrität und an einer ausgesprochenen Kontaktscheu. Auch im Ausland lebte er in der ständigen Befürchtung, er könnte von Touristen aus seiner Heimat erkannt und verspottet werden. Daher mied er größere Menschenansammlungen wie in einem Theater oder einer Konzertveranstaltung. Er selbst verurteilte sich für den aufgedeckten Betrug aufs schärfste, verfiel in Selbstanklagen und Selbstzweifel und verlor den Lebensmut, teilweise auch mit Selbstmordgedanken.

In der psychotherapeutischen Aufarbeitung erkannte er seine eigene perfektionistische Neigung und seinen moralischen Rigorismus, seine eigene Neigung, andere wegen geringer moralischer Fehltritte in Ungnade fallen zu lassen. Es wurde ihm bewusst, dass er damit eine über mehrere Generationen tradierte Einstellung seiner Familie übernommen und sich damit identifiziert hatte. Er fühlte sich sehr erleichtert, als er vom Therapeuten erfuhr, dass dieser seine eigenen Leistungen in der Schule des Öfteren auch auf unredliche Weise, durch unbemerktes Abschreiben und Spickzettel, erschlichen hatte. Seine angespannte Verkrampfung löste sich allmählich. Es gelang ihm, seine eigene Verfehlung mit mehr Humor und Gelassenheit zu betrachten und auch wieder Kontakte im sozialen Leben zu knüpfen. Schließlich wurde er sogar von einem renommierten Zahnarzt als Praxispartner aufgenommen. Dieser hatte es sich sogar zum Ziel gesetzt, ihn beruflich zu resozialisieren, und ließ ihn an einer bedeutenden Forschungsarbeit teilhaben.

Beispiel 2: Zurückweisungen. Ein hoher Beamter, Leiter eines bedeutenden kulturellen Instituts, wurde wegen seiner avantgardistischen eigenwilligen Konzepte und Produktionen, die er realisierte, von verschiedenen Politikern und Journalisten systematisch kritisiert. Wegen seines internationalen Renommees schaffte er aber wiederholt die Wiederwahl oder die Verlängerung seines Anstellungsvertrags. An einer der regulären Pressekonferenzen in seinem Institut wurde er beim anschließenden Umtrunk von einem Journalisten, der ihn seit Jahren durch bösartige Kritiken und Kommentare schlechtgemacht hatte, versehentlich auf den Fuß getreten. Er reagierte darauf prompt, indem er diesem eine saftige Ohrfeige verpasste, wodurch dessen Brille zu Boden fiel und dabei beschädigt wurde.

Diese heftige Überreaktion erregte Aufsehen und wurde in allen Medien an prominenter Stelle und in großer Aufmachung berichtet und kommentiert. Die weitere Anstellung des ausfälligen Institutsdirektors wurde in Frage gestellt, die Kündigung aber bis zur Abklärung der rechtlichen Verhältnisse zunächst nicht ausgesprochen. Das Institut wurde aber seitdem von den Geldgebern und vom Förderverein boykottiert, die Sponsoren zogen sich scharenweise zurück, so dass die Realisierung der geplanten Projekte unsicher wurde. Unter dem Druck des drohenden Fiaskos willigte der Institutsleiter schließlich bald in eine Vertragsauflösung ein. In den Medien wurden täglich seine Charaktermängel beschrieben, eine Flut von Leserbriefen mit bissigen und persönlichkeitsverletzenden Kritiken ergoss sich über ihn, und seine von der ausländischen Kunstkritik hochgelobten Veranstaltungen wurden nicht mehr gewürdigt.

Er selbst war über seine impulsive Reaktion sehr erschrocken, hatte sich umgehend beim angegriffenen Journalisten entschuldigt und eine Bezahlung des verursachten Schadens angeboten. Seinen Gewaltausbruch verstand er selbst als Entladung einer in ihm angestauten Aggression gegen die Kritiker, die durch eine Schwächung nach einer Grippe und durch die enthemmende Wirkung des Champagners noch begünstigt wurde. Aber alle seine Erklärungen konnten nicht verhindern, dass die Kampagne gegen ihn weiterlief, bis er am Ende war. Er war sich auch bewusst, dass er seinen tätlichen Angriff aus einem Affekt, aus Wut und Rache gegen einen Zeitungsmann begangen hatte, der ihm sein Leben besonders schwermachte. Die verunglimpfende Darstellung als „Psychopath" in der Öffentlichkeit, wo er nur unter einem Schimpfwort in den Schlagzeilen und auch am Stammtisch genannt wurde, führte dazu, dass seine Bewerbungen bei anderen Instituten kaum Erfolgschancen hatten. Viele mit ihm befreundete Künstler und Funktionäre der Kunstszene gingen auf Distanz zu ihm. Sie befürchteten für sich selbst den Rückzug von Sponsoren und den Entzug staatlicher Mittel, wenn sie sich mit ihm solidarisierten oder auch nur den Anschein davon gäben.

Der abgesägte Direktor selbst überstand aber den Fall psychisch und sozial ohne großen Schaden. Seine persönliche finanzielle Lage war aufgrund einer Unterstützung durch seine begüterten Eltern und seiner Vermögensverhältnisse nach einer beträchtlichen Erbschaft gesichert, so dass er sich um seine materielle Existenz keine Sorgen machen musste. Ferner erhielt er bald von einem ausländischen Kulturinstitut lukrative Beratungsaufträge. Zudem pflegte er eine Fülle von Liebhabereien, die ihn vor einem Abgleiten in Langeweile und Unerfülltheit bewahrten. Auch hatte er die Rolle des Einzelkämpfers in früheren Phasen seines Lebens schon ausgiebig erprobt. So hatte er sich trotz seiner cholerischen Persönlichkeit, die sich allerdings bei dem fatalen Gegenschlag gegen den Journalisten als Kontrollverlust manifestiert hatte, ein dickes Fell gegen Anfeindungen zugelegt.

Im Gegensatz zu ihm ging die Medienkampagne und deren Folgen an seiner Ehefrau weniger spurlos vorüber. Sie suchte einen Psychologen auf, weil sie ein halbes Jahr nach dem Rücktritt ihres Ehemannes an einer agitierten Depression litt mit innerer Unruhe, dauerndem Gedankenkreisen, Einschlaf- und Durchschlafstörungen, Konzentrationsmängeln, vegetativen Störungen wie nächtliche Schweißausbrüche und gelegentliches Herzrasen sowie rezidivierenden Schwankschwindel. Auch konnte sie ohne die Einnahme eines Tranquilizers das Haus nicht mehr verlassen. Aus diesem Grund konnte sie Aufträge als Dolmetscherin vor Gericht nicht mehr annehmen. Für ihren Ehemann wurde sie zu einer Belastung, weil sie die eheliche und häusliche Atmosphäre mit ihrem ständigen ermüdenden Rekapitulieren der Ereignisse vergiftete. Er war aber erleichtert, als sie sich daranmachte, einige Stunden am Tag ein Buch zu schreiben, in welchem sie die schlimmen Erfahrungen verarbeiten wollte.

Die psychotherapeutische Behandlung wurde mit einer Durchbesprechung des Beschwerdebildes, des Ablaufs der Medienkampagne und von deren sozialen Auswirkungen begonnen. Bis zum Eklat hatte sie ein sehr aktives gesellschaftliches Leben geführt. Sie kümmerte sich mit großer Gastfreundschaft um die Künstlerinnen und Künstler, die neu in die Stadt zugezogen waren und sich noch nicht zurechtfanden. Sie beriet sie in allen Belangen des Lebens wie Miete einer neuen Wohnung, günstige Einkaufsgelegenheiten, Betreuungsmöglichkeiten für die Kinder. Sie lud sie auch zum Essen in ihrem Hause und zu gemeinsamen Ausflügen in der Umgebung ein. Die neu gewonnenen Freunde bedankten sich jeweils mit Gegeneinladungen. Drei Angehörige von Zuzüglern gründeten mit ihrem Ehemann, dem Institutsleiter, ein Streichquartett.

Am stärksten getroffen hatte sie während und nach der Medienkampagne, dass diese Freundschaften auseinanderbrachen. Die Freunde meldeten sich nicht mehr spontan bei ihr, verleugneten sich bei ihrer Kontaktaufnahme oder schützten irgend-

welche andere Verabredungen vor. Dabei bedrückte sie nicht
etwa die Vereinsamung, ebenso wenig wie ihren Ehemann, der
ohnehin kein Gesellschaftslöwe war und das Einzelgängertum
durchaus zu schätzen wusste. Ohnehin wäre ihr eine gewisse
Entlastung von ihrem eigenen fürsorglichen Helfertrip auch
willkommen gewesen. Die Medienkampagne und die daraus
resultierende Isolierung bewirkten also keine Notsituation infolge von Vereinsamung und finanziellen Engpässen. Was war
dann der Grund ihrer Erregung und Niedergeschlagenheit?
Warum konnte ihr Ehemann recht gelassen mit der Medienkampagne und deren Auswirkung umgehen, während sie in
einen anhaltenden Zustand von Zerknirschung, Verbitterung,
ja Verzweiflung verfiel?

Bereits die unterschiedlichen Reaktionsweisen der beiden
Eheleute waren eine gute Ausgangsbasis in der Therapie für die
Einsicht, dass ihre Erkrankung nicht nur mit der Aggressivität der Medien zusammenhing, sondern auch mit ihrer eigenen
Persönlichkeit. Besonders glaubhaft erschien ihr diese These,
als die Putzfrau, eine einfach strukturierte, alleinstehende älte-
re Frau, ihr erzählte, dass ihre beiden Kinder sie um diese Dau-
erpräsenz in den Medien beneideten und sich sogar überlegt
hätten, einen Blödsinn anzustellen, um die Aufmerksamkeit
der Medien auf sich zu ziehen. Als sie lachend diese Geschichte
in einer Therapiestunde erzählte, forderte ich sie eindringlich
auf, darüber nachzudenken, ob sie eine gleiche oder ähnliche
Demütigung in ihrer Kindheit erlebt habe.

Eine Woche später sagte sie, sie habe sich diese Frage zu Herzen genommen. Ihr sei eingefallen, dass sie im Alter von acht
Jahren in Transsylvanien ein ähnliches Erlebnis gehabt hatte.
Ihre Eltern hätten einer religiösen Minderheit angehört. Bei
deren Angehörigen sei es Brauch gewesen, ausgiebig Gastfreundschaft zu pflegen, indem man sich sozial Benachteiligter
annahm. Die größte Kränkung, die man in dieser Religions-
gemeinschaft erfahren konnte, wurde erlebt, wenn eine Hilfeleis-
tung ausgeschlagen oder nicht mit gebührender Dankbarkeit
beantwortet wurde. Als sie etwa zwölf Jahre alt gewesen sei,
sei eine Familie mit einem gleichaltrigen Mädchen zugezogen.
Sie habe sich erboten, diesem in einigen Schulfächern Nachhil-

festunden zu geben, damit sie den Anschluss fände. Ihre Eltern hätten der Familie auch finanziell unter die Arme gegriffen und auch sonst konkrete materielle Hilfe angeboten. Als die Lehrerin, eine stramme Kommunistin, der zugezogenen Familie bedeutete, dass der Kontakt mit der Familie der Patientin nicht erwünscht sei und auch Nachteile bringen könnte, brach diese den Kontakt ab. Die Patientin sei damals in eine länger dauernde depressive Verstimmung verfallen, habe stundenlang geweint und sich vorübergehend geweigert, zur Schule zu gehen. Auch ihre Eltern hätten die stark empfundene Kränkung lange nicht überwinden können.

Ihr sei klargeworden, dass dieses Erlebnis aus ihrer Kindheit das Muster sei, nach dem sich auch ihre derzeitige Kränkung und depressive Verstimmung durch die aktuelle Medienkampagne gebildet habe. Im Unterschied zu ihrem Ehemann habe sie deshalb so heftig auf die Medienkampagne und den Rückzug der Freunde reagiert, weil sie aufgrund ihrer eigenen biografischen Vorgeschichte und Prägung an einer empfindlichen Stelle getroffen worden sei. Es seien nicht Einsamkeit, Scham- und Schuldgefühle, die eine Depression ausgelöst hätten, sondern spezifisch das Verweigern von Dankbarkeit, das in ihrer Kultur eine tiefgreifende Demütigung darstelle. Durch diese Einsicht fiel ihr eine Last von den Schultern. Die Symptome bildeten sich sehr rasch zurück. Sie konnte ihre Berufstätigkeit wieder aufnehmen und ging, wie sie einige Jahre später mitteilte, neue freundschaftliche und nachbarschaftliche Beziehungen ein, die nicht mehr von ihrem früheren Hang zu Überfürsorglichkeit geprägt waren.

Beispiel 3: Dorfrundgang eines Häftlings. Ein renommierter erfolgreicher Versicherungsexperte wurde in Untersuchungshaft genommen, nachdem er durch eine ungeschickte ironische Bemerkung bei einer polizeilichen Inspektion einer Unfallstelle den Verdacht auf Betrug auf sich gezogen hatte. Von diesem wurde er erst Jahre später schließlich freigesprochen. Er wurde als einziger Häftling in einem verliesähnlichen Gefängnis untergebracht, weil alle anderen Gefängnisse der Region überbelegt waren. Als er 14 Tage lang keinen Hofspaziergang machen konnte, schrieb er eine Beschwerde an die zuständige Gefängnisverwaltung. Bereits am übernächsten Tag erschienen zwei Dorfpolizisten, legten ihm Handschellen an und führten ihn eine halbe Stunde lang durch das kleine Städtchen, vormittags zwischen neun und zehn Uhr, spazieren. Er war den Blicken von gaffenden Hausfrauen ausgesetzt, die ihre Einkäufe tätigten. Dieser Rundgang wurde täglich wiederholt, bis er in ein modernes Gefängnis verlegt wurde, wo ihm der obligate tägliche Hofrundgang mit den Mithäftlingen gewährt wurde. Einige Tage später zeigte ihm sein Anwalt ein Foto, das ihn auf dem Rundgang in Handschellen im Dorf zeigte und in der Boulevardpresse publiziert worden war. Ein zufällig ihn beobachtender Fotoreporter hatte auf dem Weg zu seiner Arbeit dieses Bild aufgenommen. Es war mit einem kritischen Bericht über die mittelalterlichen Haftverhältnisse versehen.

Der inzwischen aus der Untersuchungshaft entlassene Versicherungsexperte erschien bei mir zur Gesprächstherapie. Er hatte bereits in einer psychologischen Behandlung mit Entspannungsübungen eine Mäßigung seines Erregungszustandes, seiner Schlafstörungen und seiner Schreckhaftigkeit erreicht, an denen er seit dem Vorfall gelitten hatte. Er litt aber nach wie vor an einem neu aufgetretenen neurotischen Erbrechen und auch an der Zwangsvorstellung, er müsste einen der vielen Vorträge, die er halten musste, wegen Brechreiz oder einem Brechanfall unterbrechen. Aus diesem Grund hatte er bereits seit einigen Monaten entsprechende Anfragen abgelehnt. Bei der Durchbesprechung der Vorgeschichte erinnerte er sich an eine Episode in seiner Frühpubertät, als in der Sekundarschule ein Kollege von Mitschülern an einen Baum gebunden wurde und alle anwesenden Mädchen diesem auf den Penis starrten, um ihn in Verlegenheit zu bringen. Er habe sich damals mit diesem Kollegen identifiziert und bei der Vorstellung, man könnte dieses demütigende, sadistische Spiel auch mit ihm machen, Übelkeit empfunden und sich sogar auch einmal übergeben müssen.

Er deutete den Brechreflex als aggressive Abwehr der zudringlichen Blicke der Mädchen und erkannte die Parallele zur Situation, als er in Handschellen gefesselt beim Dorfrundgang den Blicken der Frauen ausgesetzt war, und überdies als Abgebildeter auf dem Foto auch ohnmächtig den Blicken der Leserinnen. Diese Symptominterpretation löste bei ihm zunächst eine Symptomverschiebung aus: Er entwickelte die Phantasie, er müsste Frauen, die ihm nahekommen, eine schallende Ohrfeige geben. Von dieser Zwangsvorstellung war er z. B. auch in öffentlichen Verkehrsbetrieben oder in anderen Menschenmassen beherrscht. Diese hinderte ihn, Einladungen zu Vorträgen zu folgen, aus Angst, er könnte sich nicht beherrschen und seine Phantasien in die Tat umsetzen. Dagegen konnte er den Beruf sonst weiter ausüben, weil er die meisten Geschäftsbeziehungen über Telefonate und Internet abwickelte. Er kam dann selbst auf die Idee, ein Kampfsporttraining zu beginnen, um zu lernen, seine Aggressionen auszutoben. Bald fand er eine feste Partnerin, mit der er zudem auch neu einen Tanzkurs besuchte. Nachdem wiederholt in der Therapie über diese Symptomwandlung und die damit zusammenhängenden Selbstwert- und Aggressionsprobleme gesprochen worden war, bildete sich die Symptomatik zurück.

Beispiel 4: Die „falsche Lesbe". Eine 33 Jahre alte Kindergärtnerin aus einer Kleinstadt unternahm an einem Wochenende einen Ausflug nach Zürich, wo sie eine Ausstellung besichtigte und einen Einkaufsbummel anschloss. Da geriet sie auf dem Platz vor dem Rathaus in eine Menschenmenge, die recht ausgelassen und exaltiert, teilweise in schriller Aufmachung ein Fest zu feiern schien. Sie meinte daher, außerhalb der Fastnachtszeit in eine Karnevalsgesellschaft geraten zu sein. Sie entfernte sich bald, um noch einige Einkäufe zu tätigen, und kehrte bald darauf wieder in die Kleinstadt zurück, wo sie selbst auch aufgewachsen war. Beim Volksauflauf, den sie für einige Minuten beobachtet hatte, handelte es sich um den Christopher Street Day. Mit diesem weist jährlich die schwul-lesbische Bewegung mit einem bunten Umzug auf den historischen Befreiungstag hin. In der Fernsehberichterstattung und in einer Tageszeitung war sie mitten in der demonstrierenden Menge im Bild deutlich erkennbar abgebildet, so dass der Eindruck entstehen musste, sie sei eine „demonstrierende Lesbe". Sie selbst hatte aber die Bilder nicht gesehen und an die Begegnung auf dem Rathausplatz auch nie mehr gedacht.

In der konservativen Kleinstadt, wo einige rechtspopulisti-
sche Kreise und auch Sekten besonders aktiv waren, wurde in
der Folge über sie getuschelt, ohne dass sie es bemerkte. Und
ohne dass sie eine Erklärung dafür hatte, hielten viele Bekannte
zu ihr Distanz, benahmen sich sehr kühl und verfielen oft auch
in einen bis dahin ungewöhnlich ablehnenden Umgangston. Sie
führte dies auf ihre zunehmende Übergewichtigkeit und einen
leichten Strabismus divergens (Schielen) zurück, die ihr, wie sie
meinte, ein unattraktives Äußeres verliehen.

Erst ein knappes Jahr nach dem Christopher Street Day
sprach sie eine ihr grundsätzlich wohlgesinnte Kollegin auf
ihre „lesbische Neigung" an. Die Kindergärtnerin war völlig
perplex, sprach in einer Teamsitzung das Missverständnis an
und erfuhr erst jetzt den Grund für das über sie kursierende
Gerücht. Sie suchte eine Psychotherapeutin auf, mit der sie den
Schock besprach und verarbeitete, klärte auch die Aufsichts-
organe der Schule über das Missverständnis auf. Sie entschloss
sich aber bald, ihre Stelle zu kündigen, verließ das Dorf und begann ein Studium an einer psychologischen Fachhochschule.

Beispiel 5: Lesestreik als Selbstbestrafung. Ein 51-jähriger Kaufmann war auf einer Geschäftsreise, als er einen Telefonanruf
erhielt, seine Mutter sei im Altersheim ebenso wie zahlreiche
andere Mitbewohnerinnen Todesopfer eines Brandes geworden.
Er nahm am übernächsten Tag das Flugzeug, um nach Hause zu
fliegen. Bald nachdem das Flugzeug abgehoben hatte, brachte
ihm die Stewardess auf seinen Wunsch die aktuellste Ausgabe
einer Illustrierten. Darin wurde ausgiebig über die Brandkatas-
trophe berichtet. Als er die Zeitung durchblätterte, erblickte er
auf einem großen Foto das Gesicht seiner toten Mutter, die neben anderen Brandopfern lag. Sie wiesen alle die für Brandlei-
chen typische Fechter- und Boxerstellung auf. Er war zutiefst
erschüttert. Einige Tage später schrieb er einen Protestbrief an
die Chefredaktion, die sich bei ihm entschuldigte.

Einige Tage später erlitt er einen Nervenzusammenbruch und
wurde in die psychiatrische Abteilung eines Krankenhauses
eingewiesen. Er litt auch an neu aufgetretenen Zwangssymp-
tomen: Er musste sich alle Nummern von Autos und Fahr-

rädern, die auf einem Parkplatz standen, notieren. Er konnte auch nichts mehr normal lesen, weil er immer wieder die gleiche Zeile mehrmals lesen musste, bevor er sich gestattete, auf die nächste überzugehen. Im Laufe der therapeutischen Aufarbeitung erinnerte er sich, dass er schon im Gymnasialalter einmal an einer Leseblockade gelitten hatte, als er vom Klassenlehrer vor der ganzen Schülerschaft in entwürdigender Weise getadelt wurde: Er hatte bei einem Gedenkgottesdienst für den tödlich verunglückten Hausmeister der Schule den Chor etwas vorzeitig durch einen Nebenausgang der Kirche verlassen, weil er den Gitarrenunterricht nicht verpassen wollte. Im Laufe der Therapie kam er auch zur Einsicht, dass er an Schuldgefühlen litt. Seine Zwangssymptome stellten eine Art von Selbstbestrafung dar, weil er seine Mutter nicht zu Hause gepflegt, sondern in einem Altersheim untergebracht hatte. Schon nach wenigen Stunden löste sich die Zwangssymptomatik bei ihm auf, nachdem er die Zusammenhänge verstanden und überdies in einer Erzählung dargestellt hatte, die er unter Pseudonym publizierte.

Beispiel 6: Vermeintliche Schuld am Tod des Halbbruders und an der Schizophrenie des Sohnes. Ein Spitzensportler, der für viele Anhänger seiner Sportart ein Idol war, erkrankte an einer Psychose. Er hörte Stimmen und begann auch missionarische Predigten pazifistischen Inhalts zu halten, was ihm zunächst die Wertschätzung einer breiteren Öffentlichkeit einbrachte. Überraschend verlor er zum ersten Mal nach einer längeren Siegesserie einen Wettkampf und blieb dem darauffolgenden fern, was großes Aufsehen erregte und Vermutungen über die Gründe und Hintergründe seines eklatanten Versagens auslöste. Wegen eines aggressiven Ausbruchs gegen seinen Vater musste er psychiatrisch hospitalisiert werden, was die Eltern geheimhielten. Die Medien erhielten aber Wind von seinem Klinikaufenthalt, und bald wurde der Nervenzusammenbruch zuerst als Gerücht, dann als verifizierte Information in Schlagzeilen mitgeteilt.

Der Vater des Sportlers wurde in eine Talkshow des größten Lokalfernsehsenders eingeladen und vom Moderator zum Befinden und zu den Gründen des Versagens seines Sohnes befragt.

Dabei verfiel dieser in eine Verhörtechnik und warf ihm vor, dass er als Trainer seines eigenen Sohnes diesen ungebührlich unterdrückt und ihm keine Entfaltung ermöglicht habe. Er unterstellte, der Vater habe nur aus persönlichem Ehrgeiz den Sohn zum Spitzensport dressiert. Die in die Sendung zugeschalteten Zuschauer schlugen mit Wucht in die gleiche Kerbe, so dass ein richtiges Trommelfeuer von Vorwürfen auf den Vater niederging. Ein Zuschauer verglich ihn mit einem DDR-Funktionär, ein anderer bezeichnete ihn als Despot, und ein weiterer hatte keine Zweifel, dass der Sohn an einer Schizophrenie leide. Am Boden zerstört verließ der Befragte das Studio. Beim Wegfahren mit seinem Auto kollidierte er noch in seiner Erregung mit dem benachbarten Wagen auf dem Parkplatz, was prompt von der Boulevardzeitung berichtet und hämisch kommentiert wurde. Zu Hause fand er seine Familie in aufgewühltem und ratlosem Zustand vor. Er wurde aber von ihr getröstet und ein Anruf seines Sohnes aus der Klinik, der ihn inständig bat, mit ihm das Training fortzusetzen, richtete ihn moralisch wieder auf.

In der öffentlichen Diskussion hatte sich inzwischen die These etabliert, dass der Vater durch seine symbiotische Bindung an den Sohn diesen in die Krankheit getrieben habe. Sie war ein fester Bestandteil „intelligenter" psychologisierender und moralisierender Kommentare und Stellungnahmen von Medienpsychologen und Sportredakteuren, die auch von der Stammtischpsychologie übernommen wurde. Dies führte dazu, dass der Vater diese Theorie übernahm, sich in Vorwürfen erging, obwohl er sich keiner Schuld bewusst gewesen war. Er meinte im Gegenteil immer, er habe stets das Beste für seinen Sohn getan. Er fiel nicht der Leere und Einsamkeit anheim, weil er von dessen Sportkameraden als Trainer engagiert wurde und außerdem die bis dahin vernachlässigten Renovierungsarbeiten am eigenen Hause aufnehmen konnte. Aber es traten auch Bauchschmerzen auf, deren Abklärung keine organischen Ursachen erkennen ließen. So meldete sein Hausarzt ihn in einer psychosomatischen Sprechstunde an, wo die Indikation für eine aufdeckende Gesprächspsychotherapie in Kombination mit Entspannungsübungen gestellt wurde. Er sprach sehr gut auf die funktionelle Bewegungstherapie an. Es gelang ihm dabei, die Bauchkrämpfe jeweils „abzustellen", die sich dann aber einige Stunden später wieder einstellten.

In der Gesprächstherapie beim Psychotherapeuten, der nichts von der Medienaggressivität mitbekommen hatte, kam der Patient erst nach etwa zehn Stunden auf den traumatischen Fernsehauftritt zu sprechen. Er wollte vom Therapeuten wissen, ob er wirklich den Sohn durch das überfordernde aktive Training in eine Schizophrenie getrieben habe, welche Diagnose er inzwischen akzeptiert hatte. Der Therapeut erklärte ihm überzeugend, dass er nicht zur Krankheit seines Sohnes beigetragen habe, sondern dass diese sich vorwiegend auf der Grundlage einer genetischen Disposition entwickle und der Sohn daher ohnehin daran erkrankt wäre. Dem Vater leuchtete diese Erklärung ein, weil einige Blutsverwandte wegen einer Schizophrenie hospitalisiert gewesen waren. Über einige Wochen äußerte er aber immer wieder Zweifel, ob er nicht doch seinen Sohn überfordert und in die Psychose gedrängt habe. Er wollte vom Therapeuten als ärztliche Autorität die Bestätigung, dass dem nicht so sei. Dieser machte ihm gegenüber wochenlang immer wieder keinen Hehl aus seiner Empörung über die unsensible, inquisitorische Befragung durch den Moderator, was allerdings noch nicht zum Abklingen der Schmerzen beitrug.

In einer Therapiestunde, etwa zwei Monate nach dem fatalen Fernsehauftritt, thematisierte der Therapeut die Schuldgefühle und erzählte von einer Episode aus seiner eigenen Biografie, wie er einmal wegen eines Versagens eine große Katastrophe auslöste und daher auch Jahrzehnte später einmal starke Schuldgefühle empfand. Da erzählte der Vater prompt davon, dass er während seiner Lehrausbildung seinen Halbbruder, der einen Herzfehler hatte, gedrängt habe, eine recht strapaziöse Bergtour zu unternehmen. Dieser sei dabei kurz vor dem Erreichen der Berghütte an einem Herzversagen gestorben. Die Obduktion hatte ergeben, dass er an einem Herzfehler litt. Der Patient hatte sich dann schuldig gefühlt für den Tod seines Halbbruders. Er erinnerte sich, dass er kurze Zeit nach dessen plötzlichem Tod wegen Muskelkrämpfen, eines Stimmverlusts (Aphonie) und wegen Magenbeschwerden wiederholt ärztliche Hilfe in Anspruch nahm und zweimal notfallmäßig in die

Klinik eingeliefert wurde. Erst als er sich einer evangelischen Glaubensgemeinschaft angeschlossen hatte, wo er auch seine spätere Ehefrau kennenlernte, habe er damals seinen Frieden gefunden. Er zog die Parallele zu seiner aktuellen Erfahrung der Verurteilung durch die öffentliche Meinung, die ihn auch für die Erkrankung seines Sohnes zur Verantwortung zog.

Auch damals hatte ihm ein Arzt versichert, sein Halbbruder wäre auch ohne die Bergtour bei einer Überanstrengung an einem Herzversagen gestorben. Diese Einsicht bewirkte, dass seine Bauchkrämpfe wie weggeblasen waren und er in einem Interview für eine Zeitung die Missverständnisse und die Kritik an den aggressiven und moralisierenden Journalisten formulieren konnte.

Beispiel 7: Hass auf salbungsvolle Worte. Ein 16-jähriger Gymnasiast, Sohn eines bekannten Managers, machte sich auf den Schulweg, um die erste Abiturprüfung abzulegen, die am letzten Tag vor den Sommerferien stattfand. Einige Meter vor dem Schulhaus sah er den Aushang des Boulevardblattes, wo in fetten Schlagzeilen und in reißerischer Aufmachung bekanntgegeben wurde, dass sein Vater aus einem Bordell wegen einer Überdosis Freebase in besorgniserregendem Zustand vom Rettungswagen abgeholt und in die Klinik gebracht worden sei. Die Mutter hatte den Vorfall am Vortag vor dem Sohn verheimlicht, um ihn nicht vor der Prüfung unnötig zu belasten. Er kaufte sich die Zeitung und erfuhr in einem kurzen Bericht die Details der Geschichte, die ihn erschütterten. Er hatte bisher nur die Spannungen zwischen seinen Eltern bemerkt, die entstanden waren, weil der Vater gelegentlich die Nacht ohne plausible Erklärung außerhalb verbracht hatte. Er war völlig schockiert über den angeblichen Bordellbesuch und Drogenkonsum, die er nicht im geringsten vermutet hätte.

Als er verstört das Klassenzimmer betrat, bemerkte er, wie einige Klassenkameraden die Zeitung verstohlen beiseitelegten, offensichtlich um ihn und sich selbst Peinlichkeiten zu ersparen, und ihn „irgendwie anders als sonst willkommen hießen". Kurz darauf erschien der Rektor der Schule im Klassenzimmer, bat ihn heraus und fragte ihn in salbungsvollen Worten, ob er die Prüfung verschieben wolle, ohne den Grund für seine Frage anzusprechen. Der Gymnasiast täuschte vor, die Frage nicht verstanden zu haben, und antwortete nur kurz, dass er an der Prüfung teilnehme. Während der zwei Stunden dauernden schriftlichen Prüfung war er zu seinem eigenen Erstaunen sehr konzentriert. Er war geradezu erleichtert, sich durch die Konzentration auf die gestellten Aufgaben von der „inneren Katastrophe" ablenken zu können. Er spürte, dass er zusammengebrochen wäre, wenn er nicht diese Möglichkeit der Verdrängung gehabt hätte. Er hatte auch den Eindruck, dass er alle Aufgaben richtig löste, was sich später bestätigen sollte.

Nach Ende der Prüfung entfernte er sich möglichst schnell und unauffällig aus dem Klassenzimmer, während die anderen sich noch über die Prüfung austauschten. Zu Hause fand er die Mutter tränenüberströmt vor. Sie hatte den Telefonstecker herausgezogen, die Rollläden heruntergelassen, um den erwarteten Ansturm von Journalisten und Fotografen ins Leere laufen zu lassen. Einige Tage und Wochen setzte die Boulevardzeitung die Berichterstattung fort mit der Veröffentlichung immer wieder neuer brisanter Details über den Fall. Der Gymnasiast mied den Kontakt mit den Klassenkameraden, erfuhr aber indirekt, dass diese, ebenso wie die Nachbarn der Familie, von Reportern angesprochen worden waren, um Auskunft über die Lebensgewohnheiten des Vaters und seiner Familie zu erhalten. Die Medien berichteten auch, dass diese spurlos verschwunden sei. Der Vater hatte sich auf einer Dienstreise ins Ausland abgesetzt, Mutter und Sohn hatten bei ihrer Schwester in einem anderen Stadtviertel Zuflucht gefunden. Zweimal zeigte er sich beim Training in einem Fitnesscenter, wo er auf ordinäre Weise auf seinen Vater angesprochen wurde. Daher zog er es vor, seine Übungen zu Hause zu absolvieren.

Seit dem Beginn der Medienkampagne litt er an Durchschlafstörungen, Schreckhaftigkeit, nächtlichen Schweißausbrüchen, Augenbrennen und, wie aber erst zwei Jahre später festgestellt wurde, an nächtlichem Zähneknirschen. Die Eltern, die sich nach einer Aussprache wieder versöhnt und in einer harmonischen Beziehung zusammengefunden hatten, beschlossen, ihn das letzte Jahr der Schule an einer Privatschule in London wiederholen zu lassen. Dies hatte allerdings den Nachteil, dass er auf ein anerkanntes Abiturzeugnis verzichten musste, was ihm aber weiter nichts ausmachte, weil er kein Hochschulstudium, sondern den Besuch einer Kunstschule anstrebte.

Vier Jahre nach dem „Unglück" wurde er wegen Zähne-knirschens zu einer psychiatrischen Abklärung von seinem Zahnarzt überwiesen, der ein unverarbeitetes Aggressionspro-blem vermutete. In der testpsychologischen Abklärung traten aggressive Strebungen gegen Autoritäten zu Tage, die er aber durch Wendung gegen die eigene Person unterdrückte. Die vier Jahre zurückliegende Medienaffäre erwähnte er in der Therapie zunächst nur sachlich und am Rande. Erst als die Aggressionen systematisch durchbesprochen wurden, kam er ausführlicher und vertieft darauf zu sprechen.

Er erinnerte sich, dass er den Hass auf die Medien und seinen Vater damals „zur Seite" gelegt hatte, um sich vor der Überwäl-tigung durch Gefühle der Scham und der Aggression zu schüt-zen. Auch die Flucht aus der Schule nach England erschien in seiner Selbstanalyse als Mittel, sich von den unangenehmen Gefühlen abzusetzen. Es sei ihm auch relativ bald gelungen, die ganze Affäre zu vergessen. Gleichzeitig habe er aber einen repetitiven Traum gehabt, in dem er den Rektor, der ihn mit salbungsvollen Worten empfangen hatte, tödlich verletzt habe. Er erinnere sich auch daran, dass diese schonungsvolle Begeg-nung des Rektors in ihm die stärkste Wut erzeugt habe. In dem Moment, als er gemerkt habe, dass dieser ihn indirekt auf die Familienkatastrophe und deren Veröffentlichung ansprach, habe er einen tiefen Hass auf diesen empfunden und in diesem gleichsam den Schuldigen für das Ganze gesehen. Durch die Erhellung dieser Aggressionsverarbeitung und vor allem durch die Erklärung der autoaggressiven Komponente wurde der Pa-tient gelöster. Er kam von sich aus auf die Idee, einen Kurs zu besuchen, in dem das Ausleben von Aggressionen geübt wurde. Das Zähneknirschen bildete sich seitdem zurück, ohne dass er eine medikamentöse Behandlung dafür brauchte.

Beispiel 8: Angst vor Fehlern. Eine tüchtige Ministerin pflegte intensiven Umgang mit den Medien und lud sie häufiger als ihre Kolleginnen und Kollegen zu Medienkonferenzen ein, um ihre Arbeit vorzustellen und zu erläutern. Aber sie reagierte auf kritische Fragen und Bemerkungen immer empfindlich und verlangte auch oft in kleinlicher und pingeliger Manier Richtigstellungen von Medienberichten. Sie machte gelegentlich auch abschätzige Bemerkungen und pflegte einen oberlehrerhaften Ton anzuschlagen, wenn sie in der Öffentlichkeit auftrat. Fragen nach ihrem Privatleben lehnte sie strikt ab. Obwohl sie eine politische Haltung vertrat, die den meisten Medienschaffenden genehm war, zog sie immer mehr deren Abneigung auf sich. Einmal passierte in ihrem Zuständigkeitsbereich eine Panne – Dokumente gerieten in unbefugte Hände, was ihr den Vorwurf von Verletzung des Amtsgeheimnisses eintrug. Gleichzeitig wurde bekannt, dass sie für einen privaten Ausflug einmal den Dienstwagen benutzt hatte. Die beiden Bagatellfälle wurden von den Medien ausgeschlachtet, die darüber in unverhältnismäßiger Ausführlichkeit berichteten und polemisch-kritische Kommentare brachten. Unter dem Druck der Medienkampagne brach die Politikerin zusammen. Sie litt an Herzrasen, so dass sie zwei Medienauftritte kurzfristig absagen musste. Aus Angst vor einer Fortsetzung der Kampagne trat sie zurück.

Kurz darauf wurde sie von einem größeren Unternehmen als Medienverantwortliche angestellt. Man erhoffte sich von ihrer politischen Erfahrung Vorteile für den Betrieb. Aus Angst, den Medien wieder „ins Messer zu laufen", suchte sie eine Beratung auf, um das erlittene Ungemach mit den Medien zu analysieren und besser zu verstehen. Bei der Erhellung der biografischen Hintergründe zeigte sich, dass sie in der gymnasialen Ausbildung als Einzige der Klasse aus einem sozial benachteiligten Elternhaus stammte. Aus diesem Grund stand sie immer unter dem Druck, sie dürfe keine Fehler begehen und sich keine Unkorrektheiten zuschulden kommen lassen, weil sonst ihre akademische Ausbildung gefährdet wäre. Sie hatte in sich die Vorstellung entwickelt, jeder Fehler sei ein indirekter Hinweis auf ihre mindere Herkunft und sie könne für eine höhere Schule nicht geeignet sein. Auch gegenüber ihren Eltern fühlte sie sich zu makellosem Verhalten verpflichtet. Die Wurzeln ihres Perfektionismus und ihrer gereizten Intoleranz gegenüber eigenen Fehlern und damit auch Kritiken waren ihr bis dahin nicht bekannt gewesen. In ihrem neuen beruflichen Engagement entwickelte sie ein weniger verkrampftes Verhältnis zu den Medienleuten. Sie hatte sich auch in der Öffentlichkeit bald wieder rehabilitiert und erhielt ein Angebot für einen bedeutenden Posten in der Privatwirtschaft.

2.6 Gebote für Medienschaffende

Medienschaffende haben sich im Spannungsfeld zwischen dem Recht auf Information und dem Recht auf Privatheit zurechtzufinden. Sie haben sich an jene drei Richtlinien zu halten, die auch für die ärztliche Kunst gelten:

1. niemandem Schaden zufügen,
2. richtig dosieren und
3. Nebenwirkungen so weit wie möglich vermeiden.

Rechte und Pflichten von Medienschaffenden sind in Richtlinien der Berufsverbände festgeschrieben. Folgende Gebote haben sie zu beachten:

- Schutz der Privatsphäre,
- Rücksicht auf Personen in Notsituationen,
- Respektierung des Rechts auf Privatsphäre auch bei Personen des öffentlichen Lebens,
- besonderer Schutz der Kinder,
- Beachtung der Unschuldsvermutung bei der Prozessberichterstattung,
- Verzicht auf Namensnennungen gegen den Willen der Betroffenen ohne Legitimation durch das öffentliche Interesse,
- Beachtung des Diskriminierungsverbotes und des Opferschutzes.

Wir alle erinnern uns an die Erzählung von Heinrich Böll „Die verlorene Ehre der Katharina Blum" und die Verfilmung durch Volker Schlöndorff. Dass dieser Bestseller aus dem Jahr 1974 etwas zur Humanisierung der Medienlandschaft erfolgreich beigetragen hätte, wird auch heute täglich durch einen Blick auf die Zeitungsaushänge deutlich widerlegt. Trotzdem erscheint es angebracht, nicht in Resignation zu verfallen und an den menschenverachtenden Praktiken des Sensationsjournalismus immer wieder Kritik zu üben. Ich werde im letzten Kapitel die medienethischen Überlegungen aus der Sicht der Medienopfer darlegen.

3 Historische Medienskandale

3.1 Der Fall Borer 2002

Thomas Borer war der Sohn eines Kaufmanns, der schon als Kind von einer Diplomatenlaufbahn träumte. Nachdem er mit 28 Jahren seine Doktorarbeit mit summa cum laude beendet hatte, trat er zwei Jahre später als Diplomat ins Eidgenössische Departement für Auswärtige Angelegenheiten ein. Nach Einsätzen in Lagos und während vier Jahren in der Abteilung für Völkerrecht in Bern wurde er Rechtsberater in der Schweizer Botschaft in Washington. Dort erlangte er als Sonderbotschafter in der Krise um die Schweiz im Zweiten Weltkrieg durch seine offensiven Verhandlungstaktiken hohe Wertschätzung. Im Alter von 42 Jahren wurde er zum Schweizer Botschafter in Berlin ernannt und war damals der jüngste Botschafter der Schweiz. Damals tauchte an seiner Seite eine Schönheit aus Mexiko auf. Sie war zwölf Jahre jünger als er und geschieden von einem alkoholkranken Milliardär. Im Sommer 1999 wurde im Blitzlichtgewitter der Fotografen in der Kathedrale von Solothurn geheiratet (Zihlmann / Pfister 2003).

Dies war der Anfang eines glamourösen Diplomatenlebens in Berlin. Innerhalb kurzer Zeit war das Paar im Zentrum der gehobenen Berliner Partygesellschaft und vermittelte das Image einer außerordentlich lebensfrohen Schweiz. Durch ihr unkonventionelles Auftreten erregten der Botschafter und seine Gemahlin neben Anerkennung auch Missmut in der Öffentlichkeit. Durch Bilder der ehemaligen Schönheitskönigin in Mexiko in lasziven Posen kamen sie in die Schlagzeilen. Schlüpfrige Äußerungen des Diplomaten in einer Fernsehsendung sorgten wiederholt für Medienwirbel und veranlassten den schweizerischen Außenminister, ihn zu Zurückhaltung zu ermahnen (Zihlmann / Pfister 2003). Die Schweizer Boulevardzeitung

„SonntagsBlick" machte ein rückenfreies Kleid der Botschaftergattin zum Hauptthema auf ihrer Frontseite in einer ihrer Ausgaben im März 2000: „Borers Frau halbnackt. Berlin betört, Bern empört" (S. 8). Der Chefkolumnist des Wochenendblattes kritisierte in ungewöhnlich scharfen polemischen Worten den Stil des Botschafters in der deutschen Hauptstadt.

Am 7. März 2002 wurde die „Blick"- und „SonntagsBlick"-Korrespondentin Alexandra Würzbach, Ehefrau des Chefredakteur-Stellvertreters, von einem anonymen Informanten telefonisch kontaktiert. Dieser behauptete, brisante Informationen über Borer zu besitzen. Am folgenden Tag wiederholte er sein Angebot in einer E-Mail. Die Chefredaktion beschloss, nicht darauf zu reagieren. Nachdem der Unbekannte nochmals ungewöhnlich hartnäckig gedrängt hatte, vereinbarte die Reporterin mit ihm ein Treffen am 16. März nachmittags in einem Café im Ostberliner Stadtteil. Der Mann stellte sich als Marlon Schmidt vor. Er behauptete zu wissen, dass Borer, der überall seine glückliche Ehe mit seiner Frau demonstrierte, eine Sexaffäre habe. Bei dieser angeblich geheimen Liebhaberin handelte es sich um die Visagistin Djamile Rowe. Die Reporterin hielt diese Angaben zunächst für zu wenig gesichert, um sie verwerten zu können. Insbesondere gab der Informant die Quellen seiner Informationen nicht preis (Zihlmann / Pfister 2003).

Marlon Schmidt war befreundet mit einer Verkäuferin in der Kosmetikabteilung im Kaufhaus des Westens (KaDeWe), wo auch Djamile Rowe arbeitete. Am Jahresende hatte diese ihr anvertraut, dass sie eine Affäre mit dem berühmten Schweizer Botschafter habe. Sie schilderte ihr, wie es in den Privaträumen der Botschaft aussehe und dass sie sich dort träfen (Super Illu, 6.6.2002). Marlon Schmidt sagte gegenüber einem Wochenmagazin, er habe aus diesem Stoff zuerst einen Roman schreiben wollen. Nach einem vom Fernsehen übertragenen Auftritt Borers beim Aachener Karneval, wo er über einen gescheiterten Berliner Bürgermeisterkandidaten gespottet hatte, will er aber dann beschlossen haben, die Geschichte in der Realität abzuhandeln (Das Magazin, 16.11.2002).

Als Würzbach von Schmidt Beweise für die Sexaffäre verlangte, erklärte dieser: Am Mittwoch, den 20. März, werde Borer seine Geliebte abends bei sich in der Botschaft empfangen, und er behauptete, dass von Djamile Rowe auch Nacktfotos existierten. Der Chefredakteur des „SonntagsBlick" beschloss unverzüglich, einen Fotografen in der Nacht auf den 21. März vor die Botschaft auf die Lauer zu schicken. Würzbach fand heraus, dass die Botschaftergattin in dieser Nacht nicht in Berlin, sondern in der Schweiz weilte, wo sie in Interlaken einen Vortrag hielt. Dies erhöhte für sie die Glaubwürdigkeit des Informanten. Der erfahrene Fotograf Manfred Neugebauer erhielt am 18. März telefonisch den Auftrag, in der Nacht zum 21. März ab Mitternacht an der Schweizer Botschaft zu fotografieren, wer rein- und rausgehe. Noch am 21. März erhielt die Redaktion des „SonntagsBlick" eine Serie Fotos von Manfred Neugebauer. Dieser begab sich in diesen Tagen außerdem in die Schönheitsabteilung des KaDeWe, beauftragte von dort aus per Handy Frau Würzbach, ins KaDeWe anzurufen und Frau Rowe zu verlangen. Als diese zum Hörer griff, war Borers angebliche nächtliche Besucherin identifiziert. Er schoss ein paar Fotos von ihr, ohne dass sie etwas davon ahnte (Zihlmann / Pfister 2003).

Wer war Djamile Rowe? Sie stammte aus einer Affäre zwischen einem afghanischen Architekturstudenten und einer 18-jährigen Ostdeutschen. Nach der Flucht ihrer Eltern aus der DDR wuchs sie bei ihren alkoholabhängigen Großeltern und in Heimen auf. Nach dem Mauerfall schlug sie sich im Alter von 22 Jahren im Westen mit Gelegenheitsjobs durch. Sie erreichte dann eine Anstellung im KaDeWe. Sie nutzte jede sich bietende Gelegenheit, sich im Rampenlicht darzustellen, u. a. auch mit Nacktfotos in der Zeitschrift „Super Illu" und in Talkshows, wo sie öffentlich Intimes ausbreitete. Sie hatte im Jahre 2001 von ihrem letzten Freund einen fünfjährigen Sohn, mit dem sie in einem tristen Wohnblock am Rande Südberlins wohnte (Zihlmann / Pfister 2003).

Alexandra Würzbach erhielt vom Nacktbildfotografen Kowalski die Bewilligung, für ein Urheberrechtentgelt von 150 Euro die Aufnahmen von Djamile Rowe im Archiv zu kopieren. Am Karsamstag begab sich Manfred Neugebauer in die Kosmetikabteilung im KaDeWe und fotografierte Djamile Rowe im Gespräch mit Kunden. Gleichzeitig stellte sich Alexandra Würzbach als „Blick"-Reporterin vor und sprach sie direkt auf ihre nächtlichen Besuche in der Schweizer Botschaft und auf die Nacktfotos im „Super Illu" an. Diese sagte einem Gespräch mit ihr nach Ladenschluss im Café Checker beim Kurfürstendamm zu. Dort erklärte Djamile Rowe gemäß Darstellung im „SonntagsBlick", „in der fraglichen Nacht mit Borer in der Botschaft gewesen zu sein" (Zihlmann/Pfister 2003, 23). Sie habe gesagt: „Es liegt ja auf der Hand. Aber vielleicht haben wir auch nur eine Tangostunde genossen. Oder er hat Frauenkleider angezogen, und ich habe ihn als Frau geschminkt." Frau Würzburg unterbrach das Gespräch, um die bisherigen Resultate ihrer Recherche der Zürcher Redaktion telefonisch zu übermitteln, und kehrte dann zu Djamile Rowe zurück, um sich das Zitat von ihr unterschreiben zu lassen (Zihlmann/Pfister 2003).

Der „SonntagsBlick" machte seine Ausgabe vom Ostersonntag 2002 mit der Borer-Story auf: „Borer und die nackte Frau" stand auf der Titelseite. Dazu hüpfte eine leicht bekleidete Djamile Rowe dem Leser entgegen. Beigefügt war ein kleines Bild von Borer, der sich in einer Geste des Schmerzes an den Kopf fasste. Der Untertitel war „EDA (Eidgenössisches Departement des Äusseren) verlangt Stellungnahme". Auf den folgenden vier Seiten waren Paparazzi-Bilder veröffentlicht, welche Frau Rowe vor der Botschaft, vor ihrem Fiesta und im Mercedes zeigte. Ferner war ein weiteres, großformatiges Nacktbild zu sehen, und die Titelgeschichte „Shawne hat mich getreten" berichtete über einen kleinen Zwischenfall anlässlich einer Party, bei welcher die Botschaftergattin der dort ebenfalls anwesenden Frau Rowe einen kleinen Fußtritt verpasst haben soll. Angereichert war die Story mit Shawne Fieldings Vortrag in Interlaken, dem angeblichen nächtlichen Besuch Rowes in der Botschaft zur selben Zeit, den Kameras des Kanzleramtes sowie den Vorstrafen des Fiesta-Halters. Am Ende listete die Zeitung noch einmal alle „Fehltritte" Borers der letzten Jahre auf. Aus dem „Super Illu"-Heft von 1992 wurde Rowe zitiert, dass sie Nacktsein „völlig normal" finde, dass sie 1,74 Meter groß sei und 87 Zentimeter Oberweite habe und dass ihr Männer

„gefährlich werden könnten, die groß seien – und „strahlend blaue Augen haben". Daneben war ein Bild von Botschafter Borer platziert mit der Legende: „Blaue Augen: Thomas Borer". Neben dem Nacktbild stand die zweideutige Zeile: „Die Frau, die in der Botschaft verkehrt".

Der Text enthielt zwei Stellen, die eine politische Relevanz für die Affäre beinhalten sollten: 1. die mögliche Erpressbarkeit von Borer, da Rowes ehemaliger Lebenspartner ein verurteilter Betrüger sein soll, und 2. die nächtlichen Besuche eines Pin-up Girls im Sichtfeld der Überwachungskameras vom Kanzleramt. Es stellte sich aber bald heraus, dass gegen den Ex-Freund von Rowe nur Ermittlungen eingeleitet wurden und keine Verurteilungen erfolgt waren. Ebenfalls zeigte sich, dass die Kameras des Kanzleramtes außerhalb der Erfassungsweite der Botschaft waren. Am 4. April forderte „Blick" Borers Absetzung, während Borer eine Klage gegen Blick wegen Verletzung der Privatsphäre ankündigte.

Am Donnerstagmorgen gab Rowe dem RTL ein Interview, in welchem sie ihre Beziehung zum Botschafter zu beweisen versuchte. Sie erzählte, die Bettwäsche des Ehepaars Borers sei von Versace und in den deutschen Nationalfarben Schwarz-Rot-Gold gewoben. Sie behauptete zu wissen, dass Shawne Fielding Cellulite-Creme von Biotherme und Guerlain benutze, dass zwei Bilder mit Löwen, dem Sternzeichen des Botschafters, an der Wand hingen. Gegenüber der Illustrierten „Stern" erzählte sie, das Ehepaar habe ein kleines goldenes Kettchen mit Kreuz und seinem Sternzeichen, einem Löwen u. a. m. (Zihlmann / Pfister 2003). In „Bunte", Deutschlands einflussreichster Klatschzeitschrift, die am Donnerstag ausgeliefert wurde, gab Rowe intimste Details über Sexualpraktiken bekannt und schilderte körperliche Merkmale des Botschafters.

Der Botschafter verbrachte mit seiner Ehefrau die Ostertage und die Woche darauf in Mauritius, wo er von der Affäre völlig überrascht wurde. Er wurde vom Außenminister der Schweiz, seinem Auftraggeber, aufgefordert, seine Ferien abzubrechen und schon am Mittwochvormittag der Regierung in Bern Auskunft zu geben. Während er versuchte, einen Rückflug in die Schweiz zu buchen, erlitt seine Frau, die Weinkrämpfe hatte, eine Fehlgeburt. Noch bevor er in die Schweiz zurückkehren konnte, beschloss die Landesregierung am 10. April einstimmig die Abberufung des Botschafters. Der Außenminister hatte inzwischen vom Verlag des „SonntagsBlick" und des „Blick" (Ringier) Informationen erhalten, wie z. B. Rowes Handyrechnung, und den Fahrer von Borer befragen lassen. Der Außenminister wollte den abberufenen Borer in anderen, weniger bedeutungsvollen Bereichen des diplomatischen Dienstes einsetzen, erhielt aber am 28. April von diesem die Kündigung (Zihlmann/Pfister 2003).

Am 29. April erhoben die „Tagesschau" (der Nachrichtensendung im Schweizer Fernsehen) und das „Echo der Zeit" (eine politische Sendung im Radio) zur Hauptsendezeit erstmals Fälschungsvorwürfe gegen den „SonntagsBlick", die am folgenden Tag vom „Tages Anzeiger" wiederholt wurden. Die Echtheit des Bildes von Manfred Neugebauer, das Rowe in Borers Mercedes zeigen sollte, war von fünf Experten angezweifelt worden. Erstens war der Mercedes auf dem untersuchten Foto verwackelt, das Gesicht Rowes aber nicht, zweitens das Gesicht von Rowe in unlogischer Weise beleuchtet, und drittens ragte das Gesicht von ihr in einen Holzpfosten im Vordergrund hinein. Dieser Fälschungsvorwurf erinnerte an die gefälschten Hitler-Tagebücher und brachte die Ringier-Presse auf die Anklagebank, ebenso den Außenminister und seine Mitarbeiter, die mit dieser zusammengearbeitet hatten (Zihlmann/Pfister 2003).

Bereits am 11. April, am Tage nach seiner Abberufung, ließ Borer die Möglichkeit einer Klage in den USA prüfen. Dort werden Persönlichkeitsverletzungen im Unterschied zu Europa mit hohen Strafen belegt („punitive damages"; 2003, 134). Die Ex-Miss-Texas Shawne Fielding war auch in den USA verunglimpft worden und war daher berechtigt, dort Klage einzureichen. Der Kaufmann Heinrich Wirtz stellte im Auftrag von Ehepaar Borer ein „Cross Return"-Team zusammen, dem neben ihm ein prominenter Anwalt und ein Professor für Medienwissenschaften angehörten (Zihlmann/Pfister 2003).

Auch Djamile Rowe war inzwischen in eine missliche Lage geraten. Sie hatte bei der „Neuen Revue" in einem Interview ihre desolate Situation beklagt und hatte ihren Job als Kosmetikverkäuferin im KaDeWe fristlos verloren und Hausverbot erhalten. Sie wurde bei der „Bild"-Zeitung nur noch unter dem Namen „Botschafts-Luder" geführt und von Nachbarn im Hause nicht mehr gegrüßt, von Bekannten gemieden und von manchen ausgelacht. Die versprochene effiziente materielle und soziale Unterstützung von „SonntagsBlick" für die berufliche Eingliederung blieb aus. Dem „Super Illu" sagte sie:

> „Ich stehe vor einem gewaltigen Scherbenhaufen. Meinen Beruf als freie Visagistin kann ich zur Zeit nicht ausüben, weil mich alle Agenturen meiden. Der Vater meines Kindes hat sich von mir getrennt. Ich wurde ins gesellschaftliche Aus katapultiert. Ich lebe von meinen Ersparnissen. Ins KaDeWe trau ich mich nicht einmal mehr als Kundin hinein […] Am liebsten hätte ich mein altes Leben zurück." Sie lebte ohne Freunde mit ihrem kleinen Sohn Jeremy von den paar Groschen, die sie gespart hatte. Sie erklärte: „Aber zum Sozialamt kriegt mich keiner. Dazu bin ich zu stolz." (Zihlmann/Pfister 2003, 136)

Nach dem Debakel mit den Fotos von Manfred Neugebauer war Djamile Rowe für Ringier/SonntagsBlick die einzige Zeugin, auf die sie sich stützen konnte, um sich gegen die Operation „Cross Return" wehren zu können. Aus diesem Grunde war es für Borer und die Operation „Cross Return" wichtig, entweder ihre Glaubwürdigkeit zu demontieren oder sie auf ihre Seite zu ziehen. Sie hatte sich im Juni für 3.000 Euro durch eine Schönheitsoperation ihre Nase verkürzen lassen, um „durch eine äußere Veränderung das innere Gleichgewicht" zu finden, wie es ihr späterer Anwalt formulierte (Zihlmann/Pfister 2003, 144).

Am 1. Juli nahm Herr Wirtz zunächst unter einem Pseudonym mit Rowe telefonisch Kontakt auf und vereinbarte mit ihr einen Termin in einem Edellokal in der City, wozu er sie bei ihr zu Hause mit dem Auto abholte. Er sagte, dass er ihren und Borers Ruf wiederherstellen wollte. Als sie als Reaktion auf den Namen „Borer" die Flucht ergreifen wollte, beeindruckte er sie, indem er unverzüglich eine telefonische Verbindung zu Charlotte Feindt, der berühmten Wohltätigkeitsveranstalterin, herstellte. Diese gab ihr eine gute Referenz über ihn ab, so dass sie jetzt sein Vertrauen hatte. Anfang Juli zog Rowe mit ihrem Sohn und ihrem Hund zu Wirtz ins Sony Center im siebten Stock, wo sie mit ihm und seinem Freund eine Zweizimmerwohnung teilte. Der vorbestrafte Wirtz war befreundet mit dem prominenten Borer-Anwalt Schulz, von dem er selber schon verteidigt worden war, und Borer hatte ihn selber mehrmals in die Botschaft eingeladen (Zihlmann / Pfister 2003).

Am 4. Juli begab sich Wirtz mit Djamile Rowe an die Uhlandstraße 173 zu „Lau und Müller Rechtsanwälte", wo sie ein vorbereitetes vierseitiges Dokument unterschrieb. Darin erklärte sie das pure Gegenteil von dem, was sie bisher über die Affäre gesagt hatte:

> „Die Reporterin Würzbach offenbarte mir gegenüber, dass sie im Auftrag des ‚Blicks' und ‚SonntagsBlicks' bzw. des Verlegers der Boulevardzeitschriften, Michael Ringier, höchstpersönlich, über den Schweizer Botschafter Dr. Thomas Borer dahingehend recherchieren sollte, um mit allen Mitteln eine ‚Abschussgeschichte' zu schreiben." Und weiter: „Ich habe zu keinem Zeitpunkt eine sexuelle Beziehung mit Herrn Dr. Borer gehabt [...] Ich bin zu keinem Zeitpunkt in einem Botschaftswagen [...] von Herrn Thomas Borer in die Schweizer Botschaft gefahren [...] Ich war in dieser Nacht [...] weder vor noch in der Botschaft [...] Die Veröffentlichung des ‚Blicks' und ‚SonntagsBlicks' über eine Beziehung zwischen mir und Herrn Dr. Thomas Borer mit den diesbezüglichen Detailangaben (Verabredungen, Häufigkeit der Treffen und die Trefforte, Vorlieben etc.) entsprechen aber nicht den Tatsachen." (Zihlmann / Pfister 2003, 150)

Später erklärte Rowe dem Wochenmagazin „Facts" (31.10.02, 22): „Er hat mir ständig das Blaue vom Himmel versprochen, ich hatte ja kaum andere Möglichkeiten." Am Nachmittag begab sich Wirtz mit Rowe zum Rechtsanwalt Schulz und erklärte, sie wolle neben der erfolgten eidesstattlichen Versicherung noch eine Videoaussage aufzeichnen lassen. Diese wurde abends nach vielen Vorbereitungen aufgenommen. In einem eingeübt wirkenden vier Minuten dauernden Monolog erklärte sie, sie sei „massiv unter Druck gesetzt" worden und man habe sie praktisch gezwungen, eine eidesstattliche Versicherung zu unterschreiben, in der stand, sie habe Sex mit Thomas Borer gehabt (Zihlmann/Pfister 2003, 152). Sie wollte aber nicht erklären, womit sie ihren Anwalt und ihre Pressesprecherin finanzierte, und ließ offen, woher sie seinerzeit die in Interviews ausgeplauderten Einzelheiten über Borers Schlafzimmer-Interieur und dessen körperliche Merkmale kannte. Der Ringier Verlag wies ihre Aussagen zurück (Zihlmann/Pfister 2003). Nach diesem Dementi war der Ruf des Ringier Verlages zerstört. Ein Sturm der Empörung ging über ihn nieder. Die „Berner Zeitung" schrieb am 8. Juli 2002:

> „Die von ‚SonntagsBlick' und ‚Blick' in degoutanter Art und Weise ins Rollen gebrachte Affäre um den angeblich untreuen Ex-Botschafter Thomas Borer reitet Ringier immer tiefer in den Boulevard-Sumpf. Ringier steht mit dem Rücken zur Wand."

Die „Basler Zeitung" schrieb am 8. Juli 2002:

> „Ringier sieht sich nun selbst der Perversion der ‚Boulevard-Justiz' ausgesetzt: Der Angeschwärzte muss seine Unschuld beweisen […] Das Mitleid hält sich bei Ringier in noch engeren Grenzen als bei Borer." (S. 7)

In den folgenden Tagen wurde bekannt, dass der Chefredakteur des „SonntagsBlick", Nolte Rowe, 10.000 Euro Informationshonorar bezahlt hatte und nicht nur, wie bisher behauptet, die Spesen für ihren Aufenthalt in Zürich entrichtet und eine Woche Ferien im Tessin bezahlt worden sind. Ferner kam heraus, dass Frau Würzbach die Nacktfotos bei „Super Illu" unter dem Vorwand, über Ostdeutschland zu recherchieren im Archiv abgelichtet und damit gegen Rechte verstoßen hatte (Zihlmann/Pfister 2003). Diese Aufdeckungen und Eingeständnisse führten zu personellen Veränderungen in der Ringier Presse. Der Chefredakteur der Sonntagszeitung Nolte und die Reporterin Würzbach traten zurück. Der Spiritus Rector und geistige Vater, der Chefkolumnist Frank A. Meier, zog sich in ein Besinnungs-Sabbatical für mehrere Monate zurück, bis über die Affäre wieder Gras gewachsen war. Der Verlagschef Michael Ringier entschuldigte sich in einem Brief an die Leser in der Ausgabe vom 15. Juli 2002 für die Fehlleistungen:

„Eigene Fehlleistungen haben wir – sicherlich zu spät – in den letzten Tagen aufgeklärt und daraus die Konsequenzen gezogen. Wir sind bei unserer Aufarbeitung auf Tatsachen gestoßen, die wir nicht akzeptieren können. So hat sich erstens herausgestellt, dass Djamile Rowe ein Informationshonorar von 10.000 Euro bekommen hat. Zweitens musste die oberste Konzernspitze zur Kenntnis nehmen, dass Fotos von Frau Rowe unter einem Vorwand beschafft worden sind.

Beide Vorfälle stellen Verstöße gegen die journalistische Sorgfaltspflicht dar, die wir im Hause Ringier nicht dulden können. Dafür möchte ich mich auch im Namen der Redaktion bei unseren geschätzten Leserinnen und Lesern entschuldigen. Deswegen habe ich den Rücktritt von zwei Verantwortlichen sofort akzeptiert. Auch Herrn Dr. Thomas Borer und seiner Frau stand eine Entschuldigung zu. Sie haben beide Ungemach erlitten, was ich bedaure. Wir haben uns bei ihnen entschuldigt. Ringier hatte sich wohl zu sehr auf die eidesstattliche Aussage von Frau Rowe verlassen, welche bekanntlich von ihr vor kurzem in der gleichen Form widerrufen wurde. Dies war ein Fehler.

Wir haben uns auch verpflichtet, für den finanziellen Schaden, welcher dem Ehepaar Borer-Fielding entstanden ist, aufzukommen. In langen Gesprächen konnte auf dieser Basis eine einvernehmliche Lösung im Interesse aller Beteiligten gefunden werden. Auf langwierige gerichtliche Auseinandersetzungen wurde damit verzichtet. Mit Geld lässt sich vieles, aber nicht alles wieder gutmachen. Wir wissen das und wollen aus der Angelegenheit auch unsere Lehren ziehen. Im Wettbewerb um Aufmerksamkeit droht gutes journalistisches Handwerk verdrängt zu werden. Dieser Gefahr wollen wir mit erhöhter Wachsamkeit und Sorgfalt begegnen. Auch dem Boulevardjournalismus sind Leitplanken gesetzt, die er nicht übersehen darf.

Eine Rückbesinnung auf Grundwerte des Anstandes und der Fairness ist notwendig. Sie hat mit den bereits getroffenen Maßnahmen begonnen und wird im Hause Ringier konsequent weiterverfolgt. Nicht zum Nachteil der Attraktivität unserer Zeitungen. Wohl aber zum Vorteil unserer eigenen Glaubwürdigkeit. Mit freundlichen Grüßen. Michael Ringier."

Nach dieser Einigung erfolgte eine neue Medienkampagne gegen Borer. Ihm wurde vorgeworfen, dass sein Bekannter Wirtz, der die „Cross Return"-Operation angeführt hatte, Rowe materiell unterstützte, wodurch der Eindruck entstand, Borer habe sie für ihr Dementi bezahlt. Rowe führte ein als luxuriös wahrgenommenes Leben, fuhr einen Mercedes, der auf Wirtz gemietet war und veranstaltete eine Geburtstagsparty in einem spanischen Restaurant in Berlin für 600 Euro. Im ganzen September 2002 übte Wirtz ferner auf Borer via Medien Druck aus und drohte ihm, ihn öffentlich als Auftraggeber seiner „Rundumbetreuung" von Rowe zu enttarnen. Er drohte, der „Bunten", mit der er Kontakt aufgenommen hatte, belastende Dokumente zuzuspielen (Zihlmann / Pfister 2003). Er wollte ihn dadurch zu einer Entschädigung der Unkosten zwingen, für die er ihm Rechnung gestellt hatte.

Am 14. Oktober wurde dann eine Vereinbarung getroffen, in der Rowe akzeptierte, dass sie nicht mehr behaupten darf, sie sei von Würzbach oder Ringier, die ihr mit rechtlichen Schritten drohten, unter Druck gesetzt worden. Zwei Tage später einigte sie sich auch mit Borer. Für ihr Schweigen erhielt sie jetzt auch Geld. Gemäß einem Gerücht soll es sich um eine Abfindung von 50.000 Euro und zusätzlich 200.000 Euro in Monatsraten à 5.000 Euro gehandelt haben. Bald darauf drohte Borer, die Klage in den USA gegen Ringier auf den Verlag der „Bunten" auszudehnen. Wirtz zog darauf seine Klage zurück und bezichtigte den Verlag der „Bunten", er sei von ihm instrumentalisiert worden für eine von Journalisten ausgeheckte Kampagne gegen Borer (Zihlmann / Pfister 2003). Damit hatte er die Wende vollzogen nach dem Muster von Rowe, die zuerst mit dem Verlag zusammenarbeitete und als sich ihre Hoffnung nicht erfüllte, von ihm wieder abwandte. Die Affäre war damit zur Ruhe gekommen.

3.2 Die Kießling-Affäre 1983–84

Der boulevardeske Aktivismus der Medien bringt nicht nur Medienopfer, sondern auch Medienstars hervor. Mit den gleichen boulevardesken Stilmitteln – reißerischer Aufbereitung, Outing, Übertreibungen etc. – kann er der Persönlichkeit Ver-

letzungen zufügen oder aber solche heilen. Der Fall Kießling
ist ein Beispiel dafür, wie sensationslüsterne Recherchier- und
Berichtsmethoden zur Rehabilitation eines Mobbingopfers beitragen, das zu Unrecht in Ungnade gefallen ist. Die Angst vor
Öffentlichkeit und die daraus abgeleitete Geheimhaltepflicht
brachten es mit sich, dass Kießling sich gegen Vorwürfe aus
seinem beruflichen Umfeld nicht zur Wehr setzen konnte und
als hoher Offizier über die Klinge springen musste. Die Öf-
fentlichmachung der geheimen Vorgänge durch die Medien, die
dadurch ausgelöste Debatte darüber zuerst in der Medienwelt
und unter deren Druck dann auch in der Politik, führte dann
aber zuerst zu Klärungen und Richtigstellungen und schließlich zur Befreiung von Kießling von allen Vorwürfen und zu
seiner Wiedereinsetzung in Amt und Würden.

Der Fall Kießling gliedert sich in zwei Abschnitte. Der erste
ist die Geschichte eines Mobbings, in welcher die Medien keine
Rolle spielten. Der zweite ist ein Aufdeckungs- und Kampa-
gnenjournalismus. Mit ihm war das Mobbingopfer zwar den
Belastungen durch die Erörterung intimer Bereiche in der Öffentlichkeit ausgesetzt, er führte jedoch die Wende der Affäre
und deren Entwicklung zum „Ende gut – alles gut" für Kießling herbei.

Die erste Phase der Affäre: Das Mobbingopfer
Günter Kießling war Vier-Sterne-General und NATO-Ober-
befehlshaber. Die Affäre, die zu seiner Absetzung durch den
Verteidigungsminister Manfred Wörner am 23. Dezember
1983 führte, begann mit einer Plauderei (Ramge 2003). Wer-
ner Karrasch, stellvertretender Personalratsvorsitzender im
Bundesministerium der Verteidigung, gab Artur Waldmann
vom Amt für die Sicherheit der Bundeswehr, der das Amt des
Abteilungsleiters anstrebte, einige Ratschläge für dessen Kar-
riereplanung. In diesem Gespräch erwähnte Karrasch neben-
bei ein ihm zu Ohren gekommenes Gerücht, wonach Kießling,
der unverheiratet war und zu offiziellen Anlässen immer mit
seiner Sekretärin auftauchte, homosexuelle Neigungen habe.
Homosexualität wurde in der Bundesrepublik seit 1969 zwar
nicht mehr strafrechtlich verfolgt, in der Bundeswehr jedoch

nach wie vor als „abnormes Verhalten auf sexuellem Gebiet" und wegen Erpressbarkeit als Sicherheitsrisiko eingestuft.

Der für Sicherheitsrisiken mit zuständige, ehrgeizige Waldmann erstattete einen schriftlichen Bericht an seinen Vorgesetzten, in dem er festhielt, gemäß von Karrasch am 27. Juli 1983 unter Quellenschutz gemachter Aussage werde Kießling wegen seiner angeblichen homosexuellen Veranlagung vom NATO-Befehlshaber General Rogers nicht mehr persönlich empfangen. Er sei Händchen haltend mit einem Obersten gesehen worden. Der Versuch, ihn wegen seiner homosexuellen Veranlagung dienstunfähig zu schreiben, sei an der Weigerung des zuständigen Sanitätsarztes gescheitert. Die Vorgesetzten von Waldmann scheuten sich, im NATO-Hauptquartier in Brüssel Recherchen über das Freizeitverhalten von Kießling in Auftrag zu geben. Deshalb konzentrierte sich der eigenmächtig und forsch vorgehende Waldmann auf die Schwulenszene in Köln, wo Kießling acht Jahre lang gewohnt hatte. Er regte beim Militärischen Abschirmdienst in Köln an, dass im Kölner Schwulenmilieu nachgeforscht werde. Ein Kommissar der Kölner Kriminalpolizei, der ohnehin wegen eines Mordes im Strichermilieu ermittelte, übernahm mit Dienstkollegen zusammen diesen Auftrag (Ramge 2003).

Im September 1983 glaubten zwei Wirte und ein Büffetier in zwei Schwulenkneipen in der Kölner Altstadt die Person auf dem einzigen ihnen vorgelegten Foto als „Günter oder Jürgen" … „jedenfalls irgendetwas mit ‚ü'" zu erkennen. Sie bezeichneten ihn als „Wachmann von der Bundeswehr", worauf ein anwesender Gast im Lokal gesagt habe „Nein, der ist ein ganz hohes Tier bei der Bundeswehr". Nach diesem Fahndungsergebnis übernahm Waldmann die weiteren Ermittlungen. Im Bericht an den Verteidigungsminister hieß es, Kießling sei im Café Wüsten „aus einer Serie von Fotos eindeutig als ‚Günter von der Bundeswehr' identifiziert worden, er habe im ‚Tom-Tom' monatlich verkehrt" und „Kontakt zu jugendlichen Strichern gegen Bezahlung" gepflegt, obwohl davon bis dahin nie die Rede gewesen sei (Ramge 2003).

Am 14. September 1983 erreichte Kießling ein ungewöhnlicher Anruf des Generalinspektors, der ihn auf den folgenden

Tag zu sich nach Bonn berief und ihm dort den Vorwurf homosexueller Verfehlungen entgegenhielt. Dieser wurde kurz darauf später von Manfred Wörner in frostiger Atmosphäre wiederholt und von Kießling bestritten. Wörner drängte auf Vorziehung des aus anderen Gründen vorgesehenen Entlassungstermins im März 1984 und lehnte eine Überprüfung der Vorwürfe ab, da „jede Gegenüberstellung [...] nur öffentliches Aufsehen erregen und damit großen Schaden für die Bundeswehr bringen [...] würde." (Kießling 1993, 415) In den folgenden Wochen war Kießling krankgeschrieben, da er sich einer längst fälligen Operation unterziehen musste, und er hoffte vergebens auf Aufklärung der Verleumdungen. Am 13. Dezember erschien stattdessen der Staatssekretär Hiele im Bundeswehrkrankenhaus München, um ihm die Entlassung zum 31. Dezember 1983 anzukündigen aufgrund seiner erwiesenen homosexuellen Beziehungen und der Gefahr, dass diese öffentlich bekannt würden. Bis zur Aushändigung der Urkunde wurde ihm jegliches Auftreten in der Öffentlichkeit untersagt (Kießling 1993).

Am 23. Dezember 1983 wurde Kießling in einem „entwürdigenden Zeremoniell" (Ramge 2003) auf der Hardthöhe in Zivil verabschiedet, und kurz nach Weihnachten räumte er die Dienstvilla in Brüssel. Bis zu diesem Zeitpunkt sollen nach Schätzung von Kießling etwa 50 Leute von der Entlassung gewusst haben, in der Presse aber war keine einzige Zeile darüber geschrieben worden (Kießling 1993).

Die zweite Phase der Affäre: Die Medienkampagne
Am 5. Januar 1984 gab die „Süddeutsche Zeitung" den Startschuss zu einer breiten medialen Berichterstattung über den Fall mit der Meldung „Wörner entläßt General Kießling" (Kießling 1993, 425). In einem Kommentar spekulierte die Zeitung über das gespannte Verhältnis Kießlings zu Rogers als Ursache für den Sturz. Der Journalist hatte bereits vor Weihnachten recherchiert, war aber auf der Hardthöhe auf eine Mauer des Schweigens gestoßen. Am gleichen Abend verwendete der Parlamentarische Staatssekretär Würzbach in den Nachrichtensendungen des Fernsehens den Ausdruck „Sicherheitsrisiko" (S. 425). Das

Stichwort „Homosexualität" lag damit bereits in der Luft. Die Bild-Zeitung verkündigte am folgenden Tag „Homosexualität? – Hoher deutscher General gestürzt", während der „Kölner Express" die Schlagzeile brachte: „So stürzte unser höchster General – Geheimdienst Tag und Nacht auf der Spur" (S. 426).

Kießling war bereits am 23. Dezember 1983 zum Gegenangriff übergegangen, indem er nach seiner Entlassung ein Disziplinarverfahren gegen sich beantragt hatte (Kießling 1993). Jetzt tat er dies auch öffentlich, indem er in mehreren Interviews bestätigte, dass er wegen des Vorwurfs homosexueller Beziehungen entlassen worden war, und gab gleichzeitig den Journalisten das Ehrenwort, völlig unschwul zu sein (Ramge 2003). Es kam zu einer Polarisierung der Medienerzeugnisse in Kießling-freundliche und Kießling-feindliche.

Am 9. Januar 1984 berief Wörner eine Konferenz ein, in der er zum „Sturm auf Kießling" blies (Kießling 1993, 428). Mitarbeiter oder allfällige Zeugen wurden aufgefordert, Beweismaterial gegen ihn zusammenzutragen. Der Generalinspektor erinnerte sich an ein Gespräch mit dem Admiralarzt, der ihm eine schlüpfrige Geschichte über Kießling erzählt habe. Kießlings Reiseabrechnungen der vergangenen acht Jahre wurden überprüft, erwiesen sich aber als korrekt und außerordentlich bescheiden. Eine Flut von Anschuldigungen brach herein, von der Verdächtigung, dass er sexuelle Beziehungen etwa mit seinem Fahrer gehabt habe und dass er unerlaubt außerberuflich dienstabwesend gewesen sei. Zeitungskommentatoren, u. a. auch die FAZ, warfen ihm vor, an die Öffentlichkeit getreten zu sein, und sprachen die Erwartung aus, dass er in Beachtung der Schweigepflicht sich nicht hätte öffentlich zur Wehr setzen dürfen.

Die Medien trugen aber wesentlich dazu bei, dass die Glaubhaftigkeit der Vorwürfe gegen Kießling wie ein Kartenhaus zusammenbrach. Der Chefredakteur der „Welt am Sonntag", Klaus Jacobi, forderte ihn persönlich auf, sich nicht in Schweigen zu hüllen, sondern die Flucht nach vorne anzutreten. Er half ihm bei der Verfassung der ersten Presseerklärung, die in den Abendnachrichten des 6. Januars verbreitet wurde (Kießling 1993).

Während Wörner am 9. Januar 1984 im ZDF feststellte, dass „jeder Irrtum ausgeschlossen" sei, deckten Journalisten nach und nach auf, wie der MAD seine „eindeutigen Beweise" gesammelt hatte (Ramge 2003): Der Innenminister von Nordrhein-Westfalen erklärte, dass sein Landeskriminalamt an den Ermittlungen gar nicht beteiligt worden war. Der „Spiegel" fand heraus, dass der MAD-Stabsfeldwebel (Jürgen Idel) ein ganz privates Amtshilfeersuchen gestellt und sich dabei anmaßend als Oberleutnant ausgegeben hatte. Ein Reporter des „Kölner Express" nahm selber mit dem Kronzeugen im Tom-Tom Kontakt auf: Dieser wollte jetzt nicht mehr einen „Günter von der Bundeswehr", sondern einen „Jürgen von der Bundeswehr" identifiziert haben, „einen Wachmann, der immer im Parka auftauche und Cola mit Steinhäger trinke". Der „Stern" publizierte kurze Zeit später ein Foto von „Jürgen", der mit Kießling eine gewisse Ähnlichkeit aufwies (Ramge 2003).

Aufgrund dieser Detektivarbeit der Medien geriet Wörner immer mehr in Beweisnot. Er bot selber vier Zeugen aus der Kölner Homosexuellen-Szene auf, verweigerte aber die Bekanntgabe von deren Namen, deren Glaubwürdigkeit von einem Journalisten des „Kölner Express" erschüttert wurde (Udo Röbel, der dafür im folgenden Jahr den „Wächter-Preis der deutschen Presse 1984" zugesprochen erhielt; Kießling 1993, 430). Am 24. Januar 1984 ließ Wörner im Bundeskanzleramt den umstrittenen Homosexuellen Alexander Ziegler aus der Schweiz einfliegen, der schon 1979 den österreichischen Außenminister zu Unrecht geoutet hatte (Ramge 2003). Er konnte keine Beweise für eine von ihm behauptete Beziehung zwischen Kießling zu einem angeblichen Düsseldorfer Strichjungen Achim Müller liefern (Kießling 1993).

Wörner und der MDA gerieten zunehmend unter Druck. Auf der Titelseite des „Spiegels" stand am 16. Januar 1984 noch „der Fall Kießling", am 23. wurde daraus der „Fall Kießling / Wörner", und am 30. Januar zeigte die Vorderseite Wörner mit Helmut Kohl mit dem Titel „Der Skandal" (Kießling 1993, 437). Parlamentarische Vorstöße der Oppositionsparteien sprengten den üblichen Rahmen für mündliche Anfragen. Joschka Fischer hielt die legendäre Kießling-Rede, in der er den Verteidigungsminister nur noch als „der Manfred von der Bundeswehr" benannte (S. 438). Auch der damalige parlamentarische Geschäftsführer der CDU, Wolfgang Schäuble, und der CSU-Vorsitzende und Ex-Verteidigungsminister Franz Josef Strauß setzten sich jetzt vehement für die Rehabilitierung von Kießling ein, die vom Bundeskanzler angewiesen wurde.

Am 1. Februar 1984 nahm Günter Kießling auf der Hardthöhe seine Wiederernennungsurkunde entgegen (Ramge 2003). Kießling zitiert in seinem Buch einen Journalisten, der das „bleibende Problem" charakterisierte:

> „Mag sein, daß General Kießling als loyaler Soldat akzeptiert, was ihm da geboten wird: Volle Wiederherstellung seiner Ehre. Aber kann man einem Mann, den man in aller Öffentlichkeit nackt ausgezogen hat, den man gedemütigt und durch die Gosse gezogen hat, durch ein Wort alles wiedergeben, was man ihm genommen hat? Das ist ein Problem. Damit muß sich der himmelschreiend schlecht behandelte General selbst auseinandersetzen." (S. 444)

Der Fall Kießling ist das Beispiel für eine Falschdarstellung in Kombination mit einem Outing. Diese erfolgten zunächst innerhalb einer inneren Öffentlichkeit, beschränkt auf das Berufsfeld. Erst das Outing dieser Falschbeschuldigung führte zu einer Entlastung des Opfers von haltlosen Vorwürfen. Indem die Medien die geheimen Vorgänge ins Rampenlicht brachten und eine öffentliche Tribunalisierung auslösten, konnten die Falschbeschuldigungen richtiggestellt und die fatalen Folgen für das Opfer Kießling rückgängig gemacht werden. Eine politische Persönlichkeitsverletzung wurde durch eine mediale Persönlichkeitsverletzung behoben. Indem von den Medien unter der Gürtellinie geforscht und debattiert wurde, wurde das Opfer aus der abgeschotteten, den Blicken der Öffentlichkeit verborgenen Sphäre des Mobbings befreit. Ebenso wie die Blutung, die der chirurgische Schnitt bewirkt, dazu dient, die Blutung einer durch Unfall bewirkten Blutung zu stillen, heilten die von den Medien beigebrachten Wunden Kießling von seinen Mobbingverletzungen.

3.3 Die Harden-Eulenburg-Affäre 1907–09

Die Eulenburg-Affäre war der größte Skandal des Zweiten
Deutschen Kaiserreiches in den Jahren 1907 bis 1909. Im Kern
war sie ein Streit zwischen dem Fürsten Philipp zu Eulenburg-
Hertefeld und dem Journalisten Maximilian Harden. Die Anschuldigungen und Gegenanschuldigungen führten zu einer
Ausweitung der Affäre und zu einer Involvierung prominenter
Mitglieder des Kabinetts von Kaiser Wilhelm II. Eulenburg war
von einem einfachen Mitglied des Diplomatischen Corps zum
Botschafter befördert worden. Als einer der wichtigsten Bera-
ter von Wilhelm II. versuchte er, diesen auf einen friedlichen,
englandfreundlicheren Kurs zu bringen. Er war Bismarck, der
im Jahre 1890 entlassen und durch das eigene, sog. persönliche
Regiment ersetzt worden war, ein Dorn im Auge. Mit Argwohn
beobachteten die Bismarckanhänger, wie der junge Kaiser sich
durch Hintermänner beraten ließ, deren Politik sie ablehnten.

Im Jahre 1902 erpresste Harden Eulenburg persönlich, vom
Botschafterposten in Wien zurückzutreten, mit der Drohung,
ihn öffentlich bloßzustellen. Dieser gab nach und machte „gesundheitliche Gründe" für seinen Rückzug aus dem öffentlichen Leben geltend (Jungblut 2003, 57). Als er während der
Algerien-Konferenz 1906 wieder in Erscheinung trat, zog er
sich bald darauf in die Schweiz zurück, nachdem Harden seine
Drohung wiederholt hatte. Verschiedene Historiker betrach-
teten allerdings die Erpressungstheorie als zu spekulativ und
vertraten die Ansicht, das Ausscheiden Eulenburgs aus dem
politischen Leben im Jahre 1902 sei durch Eheskandale in dessen nächster Verwandtschaft bedingt gewesen. Sie hätten die
Gefahr mit sich gebracht, dass seine Homosexualität ans Licht
gekommen wäre. Das Motiv von Harden sei ein rein politisches
gewesen und die homosexuellen Neigungen von Eulenburg
und von Beratern im Umkreis des Kaisers nur ein Vorwand.
Harden sei im Jahre 1906 der Überzeugung gewesen, dass Kaiser Wilhelm II. in der Ersten Marokkokrise deshalb gescheitert
sei, weil er sich von seinen schwachen Beratern habe beeinflus-
sen lassen und er daher keinen Krieg gegen Frankreich riskiert
habe (Mommsen 2005).

Am 6. April 1906 veröffentlichte Harden in seiner Zeitschrift „Die Zukunft" einen Leitartikel mit der Überschrift „Wilhelm der Friedliche", in dem er die Friedenspolitik des Kaisers kritisierte. Er verschärfte seine publizistischen Angriffe, als kurz nach dem Scheitern der Algeciras-Konferenz, welche die politische Isolation des Deutschen Reiches offenbarte, Wilhelm II. dem Grafen Raymond Lecomte, dem Sekretär der französischen Botschaft bei einer privaten Tafelgesellschaft auf dem Eulenburg-Schloss in Liebenberg begegnete und diesen als „sympathisch" bezeichnete (Jungblut 2003, 68).

Am 17. November 1906 beanstandete Harden in einem weiteren Artikel, dass der sog. Liebenberger Kreis maßgeblich die deutsche Politik beeinflusse und für verschiedene Fehlschläge der deutschen Außenpolitik verantwortlich sei. Dabei bezeichnete er Eulenburg als ungesunden Spätromantiker mit spiritualistischen Neigungen (Jungblut 2003; Steakley 2004; Mommsen 2005). In nur für Eingeweihte zu entziffernden Andeutungen spielte er auf homoerotische Neigungen an und entsprach damit der damals verbreiteten Meinung, dass Homosexuelle infolge einer ihnen eigenen verweichlichten Persönlichkeit für Aufgaben, die Stärke und Entschiedenheit forderten, ungeeignet seien (Mommsen 2005). Die Andeutungen erregten in der aristokratischen Umgebung am Hof von Berlin großes Aufsehen. Der damalige Reichskanzler Bernhard von Bülow bemühte sich, eine Ausweitung des Skandals zu verhindern. Am 27. April 1907 wurde Eulenburg von Harden geoutet, indem dieser die früher veröffentlichte Karikatur des Harfespielers als Anspielung auf Eulenburg und dessen „Schätzchen" Kuno von Moltke (1847–1923) interpretierte (Steakley 2004).

Erst im Mai 1907 erfuhr Wilhelm II. durch den Kronprinzen von den Vorwürfen der Homosexualität gegenüber seinen eigenen Freunden. Seine Forderung nach Absetzung der Betroffenen und eines gerichtlichen Verfahrens löste eine breite Berichterstattung in der Presse und damit den Skandal aus. Moltkes Anwalt reichte eine Verleumdungsklage gegen Harden ein. Eulenburg verwahrte sich gegen jede Schuld und erstattete zur Klärung Selbstanzeige, die mangels Beweisen im Juli eingestellt wurde.

Im vom 23. bis 29. Oktober 1907 stattfindenden Gerichtsverfahren Moltke gegen Harden (Steakley 2004) erzählte die von Moltke nach neun Jahren Ehe geschiedene Ehefrau Lilli von Elbe u. a., dass dieser seinen ehelichen Pflichten nur in den ersten beiden Nächten nachgekommen sei. Der berühmte Psychiater und Sexualforscher Magnus Hirschfeld erklärte gestützt auf seine Beobachtungen von Moltke im Gerichtssaal und die Aussage von dessen Exfrau, dass dieser „eine ihm selbst nicht bewusste homosexuelle Veranlagung mit ausgesprochen seelisch-ideellem Charakter" aufweise, auch wenn er es niemals praktiziert hätte (Jungblut 2003, 134). Das Gericht kam zu dem Schluss, dass Moltke homosexuell sei, und sprach Harden frei. Wegen eines Verfahrensfehlers wurde der Prozess vom 19. Dezember 1907 bis 4. Januar 1908 wiederholt (Steakley 2004). Da Frau von Elbe aufgrund der Diagnose einer klassischen Hysterie nicht mehr glaubwürdig war und Hirschfeld seine frühere Aussage nicht bestätigte, wurde Harden jetzt der Verleumdung für schuldig befunden und zu einer Freiheitsstrafe von vier Monaten verurteilt.

Harden versuchte nunmehr, die Homosexualität Eulenburgs durch eine Intrige zu beweisen (Jungblut 2003). Er bat einen Kollegen aus Bayern, Anton Städele, in einem Zeitungsartikel zu behaupten, dass Eulenburg ihm, Harden, ein Schweigegeld angeboten habe. Darauf klagte er selber seinen Komplizen wegen Verleumdung ein und erreichte dadurch, dass die Homosexualität Eulenburgs nochmals öffentlich thematisiert werden konnte. Während des Prozesses behaupteten zwei Zeugen, sie hätten in ihrer Jugend sexuelle Beziehungen zu Eulenburg gehabt. Zwar wurde Städele wegen Verleumdung verurteilt. Doch wurde gegen Eulenburg eine Anzeige wegen Meineids erstattet (Steakley 2004). Der im Sommer durchgeführte Prozess, in welchem mehrere Zeugen behaupteten, Eulenburg durch ein Schlüsselloch beobachtet zu haben, wurde wegen dessen angeschlagener gesundheitlicher Verfassung unterbrochen. Bis zur Auflösung des Reiches 1918 erging kein gültiges Urteil. Eulenburg verstarb 1921 ohne abschließende gerichtliche Klärung seiner sexuellen Neigung.

In einer parallelen Aktion zur Thematisierung der homosexuellen Neigungen und Umtriebe brachte sich der Gründer der ersten homosexuellen Zeitschrift „Der Eigene", Adolf Brand, in die Diskussion: Er veröffentlichte ein Flugblatt, in welchem er berichtete, Reichskanzler von Bülow sei wegen seiner sexuellen Veranlagung und wegen Küssens eines Kollegen bei einem von Eulenburg organisierten Treffen erpresst worden (Steakley 2004). Brand leitete daraus die moralische Verpflichtung von Bülows ab, gegen den Paragraphen 175 öffentlich anzugehen. Der Anklage der Verleumdung trat Brand im Prozess am 6. November 1907 mit der Begründung entgegen, dass die Bezeichnung Homosexualität nicht ehrenrührig sei, weshalb er von Bülow somit nicht Übles nachsagen könne. Eulenburg sagte vor Gericht aus, mit von Bülow lediglich eine edle Freundschaft ohne sexuelle Beziehung gepflegt zu haben, und wiederholte unter Eid, niemals gegen den Paragraphen 175 verstoßen zu haben. Darauf wurde Brand wegen Verleumdung zu 18 Monaten Haft verurteilt.

Die Eulenburg-Affäre ist ein Beispiel dafür, wie Moralisierung in der Öffentlichkeit als Mittel für politische Ziele eingesetzt wurde und nicht, wie heute im von der Boulevardisierung beherrschten Medienzeitalter üblich, vor allem zu Sensationszwecken und zur Aufmerksamkeitserregung. Eulenburgs Ehefrau kommentierte gegenüber Hirschfeld diesen Zusammenhang mit den Worten: „Sie zielen auf meinen Mann, aber sie versuchen, den Kaiser zu treffen."

3.4 Ein Pressemord vor 120 Jahren. Der Selbstmord des designierten Bundespräsidenten Anderwert 1880

Am Weihnachtstag 1880 (25. Dezember) nahm sich der für das folgende Jahr bereits vom Schweizerischen Parlament gewählte Bundespräsident Anderwert in der Parkanlage neben dem Bundeshaus in Bern durch einen Pistolenschuss das Leben. Eine dem Verstorbenen nahestehende Person berichtete einige Tage später in der NZZ:

> „In seiner Tasche fand sich ein Brief, worin er von seiner Schwester und hochbetagten Mutter, die er herzlich liebte, schönen Ab-

> schied nimmt. Er bittet sie darin um Verzeihung für das Leid aus diesem Schritt; aber er habe bei seinem Charakter ein derartiges Leben, mitten in redlichem Streben so abscheulich behandelt zu werden, nicht ertragen können." (NZZ, 27.12.1880)

Am selben Tag wie die NZZ publizierte das „Berner Stadtblatt" zudem ein Zitat aus diesem Abschiedsbrief:

> „Ein Brief, den der Verstorbene zurückgelassen, gab Aufschluss über den gethanen Schritt: Das zunehmende körperliche Übel hatte auch auf den Geist gewirkt, so dass die Angriffe der Presse der letzten Zeit keine Widerstandskraft mehr in demselben gefunden hatten. Der Brief schliesst mit den Worten: ,sie wollen mein Opfer haben – so sei es denn!' – " (Berner Stadtblatt, 27.12.1880)

Ob die Tat eine direkte Folge der Angriffe und Demütigungen durch die Presse war, konnte nie mit Sicherheit nachgewiesen werden. Als Grund für die außergewöhnliche Beendigung eines Politikerlebens durch Suizid wurden verschiedene Belastungen genannt: Das Privatleben, die politischen Anfeindungen seiner früheren Parteigenossen, der Ausbruch einer Erkrankung, die als „Hirnerweichung" diagnostiziert wurde, und die Angriffe der Presse im Vorfeld zu seiner Wahl zum Landesvater (Weishaupt 2000). Das Ereignis warf hohe Wellen und wurde auch in der ganzen Welt zur Kenntnis genommen. Vier Tage nach dem Selbstmord veröffentlichte die „New York Times" (29.12.1880) folgende Kurzmitteilung:

> „Ein Genfer Korrespondent sagt, der Selbstmord von H. Anderwert, gewählter Präsident der Schweizer Eidgenossenschaft, wird temporärem Wahnsinn zugeschrieben. Er glaubt sein Leben durch geheime Feinde gefährdet und von der verhältnismäßig geringen Mehrheit, womit er kürzlich zum Präsidenten gewählt worden ist, heißt es, sie habe ihn sehr enttäuscht."

Der Schweizer Korrespondent der größten Londoner Zeitung „Times", die mit einer Auflage von 100.000 Exemplaren erschien, schrieb am 30. Dezember einen längeren Nachruf. In diesem stellte er den Werdegang des Verstorbenen dar und beschrieb dann auch die Konfliktspannungen, die ihn zermürbt hatten:

„Anderwerts politische Haltung war sehr fortschrittlich und als er vor vier Jahren in die Regierung eintrat, erwartete die Partei, zu der er gehörte, die radikalen Zentralisten, mehr als er vollbringen konnte, oder er hielt es vielleicht für wenig vorteilhaft. Die Macht übte auf ihn denselben mäßigenden Einfluss aus, den sie auf alle ausübt, die einen Sinn für Verantwortung haben. Seine Amtsführung als Exekutivmitglied war alles andere als zu den Theorien passend, die er als Parteiführer vertreten hatte. Das brachte ihm die Feindschaft von vielen seiner früheren Freunde ein. Er wurde als Verräter stigmatisiert und während seiner ganzen Amtszeit war er der Gegenstand unablässiger Angriffe der radikalen Presse. Ein Resultat dieser Feindschaft war die vergleichsweise geringe Mehrheit, womit er zum Bundespräsidenten gewählt worden ist, seine Mehrheit war bloß 101, während Herr Numa Droz mit einer Mehrheit von 138 Stimmen zum Vizepräsidenten gewählt worden ist. Dieser Beweis seiner Unbeliebtheit, schließlich wird die Wahl des gegenwärtigen Vizepräsidenten zum Präsidenten als Selbstverständlichkeit angesehen, scheint zusammen mit den fortgesetzten Angriffen eines Teils der Presse sein geistiges Gleichgewicht komplett durcheinandergebracht zu haben. Er geriet in einen Zustand tiefer Melancholie, wurde schlecht gelaunt, schweigsam und verdächtigend. Er konnte nicht schlafen und schien unfähig, sich kontinuierlich geistig oder körperlich anzustrengen. Am Tag seines Todes schreibt Herr Anderwert einen Brief an seine Schwester, der mit diesen Worten schloss: ‚They want a victim; well, let it be so.‘ Die Bundesversammlung wird wahrscheinlich früh im Januar zusammentreten und einen anderen Präsidenten wählen.‘“ (Times, 29.12.1880)

Etwa eineinhalb Monate nach dem Selbstmord erschien in der argentinischen Zeitung „La Prensa“ ein Bericht, der auch die Entwicklung der Affäre nach dem Suizid charakterisierte:

„Der Selbstmord des Präsidenten der Schweizer Republik hat im besagten Land selbstverständlich eine große Sensation ausgelöst. Er wurde in der Nacht vom 25. Dezember in einem öffentlichen Park gefunden. Niemand ahnte etwas, bis man auf die Leiche gestoßen ist. Der Schädel war von einer Revolverkugel durchdrungen. Man schreibt den heftigen Entscheid von Herrn

> Anderwert dem Schmerz zu, der durch grausame Angriffe und Karikaturen der Presse verursacht worden ist. Der Verstorbene hätte auf den Beginn dieses Monats die Präsidentschaft antreten sollen. Die Autopsie ergab, dass Herr Anderwert an Gehirnerweichung litt. Besagtes Subjekt war nicht verheiratet, er lebte mit seiner Mutter und einer Schwester." (La Prensa, 5.2.1881)

In der Schweiz löste das Ereignis in der Bevölkerung und Presselandschaft Erschütterungen aus und eine Suche nach dem Schuldigen. Der schweizerische Nationaldichter Gottfried Keller erhielt von einem Bundesrichter ein Telegraf am Tag nach dem Suizid um die Mittagszeit: „Anderwert hat sich letzte Nacht erschossen", und antwortete gleichentags:

> „Du hast mir ein böses Telegramm geschickt, lieber Hans; als ich es aufmachte und Deinen Namen sah, glaubte ich, Du seist etwa auf dem Weg hierher und es setze ein Abendvergnügen ab. Noch beim Namen Anderwert dachte ich, aha, also kommt der oder wird schon da sein!
>
> Noch schwanke ich zwischen zwei Vorstellungen, ob dieser Schlag eine Frucht der schändlichen Begrüssung sei, die seine Wahl zum Bundespräsidenten erfahren, einer plötzlichen pessimistischen Stimmung oder Schwermut, – oder ob unglückliche faktische Verhältnisse da sind. Es ist ein grosses Unglück für die Freunde, die Familie und gewiss auch für die jetzige Majorität der Bundesversammlung. Möge aber als Motiv sich entwickeln, was da will, so kann man den Feinden jetzt schon zurufen: Von euch, ihr Halunken, wird sich allerdings nie einer erschiessen! – Viele Grüsse von Deinem alten Gottfr. Keller." (Weishaupt 2000)

Wer war Anderwert? Er war in seinen frühen Jahren im Kanton Thurgau einer der angesehensten Rechtsanwälte. Mit seinen demokratischen Mitstreitern schrieb er die Thurgauer Kantonsverfassung neu. Er wurde dann in die Kantonsregierung gewählt. Er vertrat während mehrerer Jahre den Kanton Thurgau im Nationalrat. Im Jahre 1874 wurde er zum Mitglied des Bundesgerichtes ernannt und 1875 in den Bundesrat gewählt. Er leitete das Polizei- und Justizdepartement bis zu seinem Tod. Er war durch die radikale Partei an die Macht gekommen und wurde bald beschuldigt, seine Prinzipien und politischen Ansichten, die er vertreten hatte, verraten zu haben. Dadurch dass er nach seiner Wahl in die Mitte gerückt war, war er den Extremisten auf beiden Seiten zum Feind und Buhmann geworden.

In der Schweizer Presse kristallisierten sich noch in den Nachrufen und Kommentaren nach seinem Tod vier verschiedene Haltungen heraus. Einige Zeitungen wollten den Fall möglichst schnell begraben und Stillschweigen bewahren. Andere stellten die Unsittlichkeit des Selbstmordes in den Vordergrund ihrer Beurteilung entsprechend der damals gängigen Diffamierung der Selbstmörder. Es gab Kommentatoren, die den Suizid als Folge der Presseangriffe interpretierten, und solche, die ihn mit Anderwerts Krankheit erklärten (Weishaupt 2000).

Welcher Art waren die Angriffe der Presse gegen den Bundesrat? Anderwert soll einen Brief an seine Schwester hinterlassen haben, aus dem hervorging, dass er von diesen Angriffen der Presse Kenntnis erhalten hatte (Thurgauer Zeitung, 28.12.1880). Es handelte sich um Vorwürfe betreffend seine Abkehr von der früheren radikalen politischen Haltung und betreffend sein Privatleben, das als sittenwidrig dargestellt wurde. Die satirische Zeitschrift „Nebelspalter" nahm die Wahl des Bundespräsidenten aufs Korn, indem sie auf der Frontseite der Ausgabe vom 11. Dezember 1880 ein Bild zeigte, in dem bei der Nachricht von der Wahl Anderwerts „die keusche Berna und selbst der Mutz sich mit einem Feigenblatt seine Blösse zu verdecken versuchen" (Andelfinger Volksblatt zit. n. Tagwacht, 24.12.1880). In derselben Nummer des „Nebelspalter" wurde zuerst die Serie von Misserfolgen in der parlamentarischen Beratung aufgezählt und dann Anspielungen auf Anderwerts unseriösen Lebenswandel gemacht:

„Samstag. Der ‚Nebelspalter' erscheint in der Bundesversammlung. Darüber erwachen die Räthe von der Arbeit und erkennen, dass es schon wieder Samstag und Zeit ist, nach Muttern und den Obligationen zu sehen. Der Weizen der Arbeitslosen blüht noch nicht, doch soll ihnen der Gemeinderath (von Bern) den Rath gegeben haben, sich etwas zu Weihnachten schenken zu lassen. Wer kein Brot habe, könne es wohl einmal mit Kuchen versuchen. Das Tessin ist von Italien noch nicht annektiert und es gibt selbst in den Kreisen der Bundesversammlung noch Mitglieder, welche nicht Oberst sind. Die (katholischen) Lehrschwestern sind entschlossen, lieber zu heirathen, als sich aufzulösen. Die Petenten ziehen erschreckt ihre Unterschriften zurück. Nur Anderwert steht fest und fürchtet weder Hymnen, noch die Präsidentschaft." (Nebelspalter, 11.12.1880)

Die Zweideutigkeit der satirischen Aussagen auf der Frontseite lassen offen, ob auf Anderwert als unverheirateter, jungfräulicher Bundesrat oder als „Fachmann" für Entjungferungen angespielt werden soll. Schon eine Woche später brachte der „Nebelspalter" unter dem Titel „Würde bringt Bürde" vier Zeichnungen, in denen Anderwert in zweifelhafter Weise dargestellt wird: Im ersten Bild verschließt Anderwert die Freiheit in Form einer weiblichen Figur in einer Flasche. Er rüste sich, sein Jahr als Bundespräsident abzudienen, hieß es. Bei oberflächlicher Betrachtung könnte man zunächst glauben, das Bild zeige eine Anspielung auf sein entschlossen zentralistisches Vorgehen, wobei er sich nicht scheute, persönliche Freiheitsrechte einzuschränken (Michel 1978). Dass unter Anderwert Freiheiten des Volkes unter Verschluss gebracht würden, mochte gemäß der Deutung von Walter Michel in föderalistischen Augen mit Gleichmacherei assoziiert werden. Die Zweideutigkeit dieses Bildes würde erst deutlich, wenn man einen schlechten Ruf Anderwerts voraussetzte. So gesehen sperrt Anderwert in der satirischen Darstellung für sein Jahr als Bundespräsident seine sexuellen Wünsche ein.

Im zweiten Bild wird Anderwert ein „bürgerköniglicher Traum" angedichtet. Im dritten Bild legt Anderwert „sein Gewicht in die Waagschale für die öffentliche Ordnung" gegen die Pressefreiheit, die durch seine Schwere davonfliegt. Es wurde auf seine Übergewichtigkeit angespielt. Im vierten Bild sieht man „den zukünftigen Bundespräsidenten im Rausche schlafend am Wege liegen und darunter die Worte: ‚Herr Anderwert befestigt die äussere und innere Sicherheit der Schweiz'." Walter Michel schrieb 1969 in seiner Arbeit „Bundesrat Anderwert im Spiegel der Presse":

„Im vierten Bild endlich wird Anderwerts bekannte Schwäche für
gut Essen und Trinken herausgestrichen, eine Schwäche, der er
diesseits und jenseits der Grenze zu frönen verstand. Zugleich
wird Bezug genommen, auf die mehrfach gemachte Feststellung, dass für die Sicherheit unseres Landes die Errichtung von
Sperrforts an der Westgrenze eine fatale Notwendigkeit sei."
(Michel 1978, 114f)

Der „Nebelspalter" lag in den „Regierungscafés" Berns auf und
hatte in der ganzen Deutschschweiz Abonnenten. Die betreffende Nummer soll auch massenhaft an die Mitglieder der Bundesversammlung verschickt worden sein. Dass die Karikaturen
in Bern zur Kenntnis genommen worden sind, berichtete auch
die NZZ am Ende ihres längeren Wochenrückblickes über die
Arbeit der Bundesversammlung:

„Zum Schluss möchten wir nur noch eines Vorfalls erwähnen,
der letzten Samstag in der Bundesversammlung und in der Stadt
Bern allgemeines Aufsehen und gerechte Entrüstung hervorgerufen hat. Wir meinen nämlich die elende Beschimpfung, die der
,Nebelspalter' dem künftigen Bundespräsidenten angethan hat.
Man mag über die Persönlichkeit Anderwerts urteilen, wie man
will, so ist es doch im höchsten Grade unwürdig, um uns nicht
eines schärfern Ausdrucks zu bedienen – den höchstgestellten
Beamten der Schweiz dem Gespötte und dem Gelächter des Auslandes preiszugeben. Wir sagen des Auslandes – denn in der öffentlichen Meinung der Schweiz muss ein solches Blatt gerichtet
sein." (NZZ, 21.12.1880)

In diesem Artikel findet sich auch der einzige Hinweis auf den
angeschlagenen Gesundheitszustand von Anderwert: Zum
Abschluss der Verhandlungen über das Obligationenrecht im
Nationalrat ist dem NZZ-Korrespondenten an Bundesrat Anderwert aufgefallen, dass er

„meistens undeutlich sprach, seine Worte stossweise hervor-
brachte und auf die Versammlung keinen Eindruck machte, so
dass mit einer einzigen Ausnahme alle seine Anträge zurückge-
wiesen wurden."

Dass die veröffentlichten Spottzeichnungen und -verse als gravierend empfunden wurden, kann aus verschiedenen Kommentaren in den Medien abgeleitet werden. Der Waadtländer „Nouvelliste" berichtete am 20. Dezember 1880:

> „Er wird in der Presse sehr schlecht behandelt, unser zukünftiger Präsident. Der Nebelspalter hat ihm eine etwas grobe Seite gewidmet. Nichts mehr ist heute heilig, nicht einmal der höchste eidgenössische Würdenträger."

Und der Zürcher Korrespondent der „Schwäbischen Merkur" schrieb am 24. Dezember 1880:

> „Eine gemeine Karikatur des neu gewählten Bundespräsidenten Anderwert im ‚Nebelspalter', einem ordinären Zürcher Witzblatt, macht böses Blut in der Schweiz und wird zu einem Prozeß führen."

Mit grobem Geschütz, ohne satirische Doppelbödigkeit, äußerte sich eine Landzeitung zur Wahl des Bundespräsidenten am 21. Dezember 1880:

> „Wir dürfen nicht nur, wir sind der Wahrheit schuldig, zu sagen, dass das Amt eines Bundespräsidenten noch nie von einem Manne bekleidet wurde, der derselben moralisch unwürdiger war als Anderwert. Seine Wahl ist eine Schande für die ganze Eidgenossenschaft. Ein Mann von solchen Lebensgewohnheiten gehört nicht an die erste, hervorragendste bürgerliche Ehrenstelle; dieselbe wird entweiht, wenn andere als moralische, nüchterne, ehrenhafte Männer sie bekleiden. Und diese Eigenschaften kommen dem Gewählten nicht zu. Wer notorischermassen zum gewohnheits- und regelmässigen Gast übelst beleumdeter Häuser der schweizerischen Hauptstadt geworden ist, der ist des Amtes eines Bundespräsidenten doch gewiss nicht würdig. Freund ‚Nebelspalter' hat auch kein Blatt vor den Mund genommen, und diese Wahl charakterisiert in einer Weise, wie sie vernichtender und beschämender für den Gewählten kaum gedacht werden kann." (zit. n. Weishaupt, 2000)

Das Volksblatt beschreibt einzelne Karikaturen aus dem „Nebelspalter" und schließt:

„So ist wohl noch nie ein Schweizerischer Bundespräsident illustriert worden: aber das Traurigste an der Sache ist, dass das Bild Wahrheit redet: darum sagen wir's noch einmal als unabhängiger Bürger, dem die Ehre des Vaterlandes theuer ist: Anderwerts Wahl ist eine Schande für die ganze Eidgenossenschaft." (Andelfinger Volksblatt in Tagwacht, 24.12.1880)

Die „Tagwacht" fügt dem Artikel einen eigenen Satz hinzu:

„Wir würden diese scharfen Worte nicht zitiert haben, wenn Herr Anderwert sich nicht in Beziehung auf seine politische Stellung (er war einmal ein Demokrat) und auf seine Polizeiwirthschaft in einer Weise benommen hätte, die der eben geschilderten moralischen Führung vollkommen entspricht." (24.12.1880)

Im „Nebelspalter" vom 25. Dezember 1880, dem Todestag von Anderwert, sind er und der mediale Sturm im Wasserglas das Hauptthema. Ob er diese Nummer noch zur Kenntnis genommen hat, ist ungewiss. In einem Gedicht wird seine Fettleibigkeit verspottet (zit. n. Michel 1978, 116):

„Pater peccavi! [C'est quoi ça?]

Es säuselt durch die dürren Blätter
Ein offiziöses Donnerwetter,
Dieweil im Bildnis wir verehrt
Nach Schalksmanier Herrn Anderwert.

Was wollt Ihr denn, Ihr Narren Ihr?
Ein jeglich Thier hat sein Pläsier
Und jeder grosse Mann sein Zeichen,
Um nicht der Alltagsbrut zu gleichen.

Herr Bismarck hat der Haare drei,
Den gold'nen Kamm die Lorelei,
Gambetten fehlt das linke Aug'
Und Anderwert hat seinen Bauch.
D'rum lasst ihm diese Signatur,
Er ha ja diese Eine nur!
Wisst ihr vielleicht ein höh'res Zeichen,
So wollen gern den Bauch wir streichen!"

In der in der gleichen Nummer des „Nebelspalter" publizierten Serie von verulkten Nachrichten wird Anderwert wegen seiner sexuellen Triebhaftigkeit hochgenommen:

> „Aus Spanien kommt die frohe Kunde, dass die Königin ihrer nächsten Niederkunft im August des Jahres 1881 entgegen sieht. Die Spanier sind in Folge dessen guter Hoffnung. Voraussichtlich wird im Bundesrathhaus bis dahin auch noch eine Maus geboren, wenn König Priap nicht auf Abwege geräth. Wir wenigstens sind gleichfalls guter Hoffnung."

Anspielungen auf den unsittlichen Lebenswandel von Anderwert, z. T. in Spottversen, gab es schon früher – nämlich am 2. und am 12. Juli 1879 in der „Berner Volkszeitung", wovon eine unter dem Titel „Unterdrückte Inschriften vom Basler Schützenfest" lautete:

> „Der Wilhelm Tell und der Anderwer,
> Die haben ungleichen Charakter,
> Der nimmt's es mit der Schweizerehr'
> Der mit der Fürstenehr exakter.
> Der Eine will nicht nach Küssnacht wandern,
> Doch trefflich gefällt die Küssnacht dem andern."

Nach dem Suizid von Anderwert und mit Bekanntwerden des Sektionsbefundes, der die Diagnose einer Gehirnerweichung ergab, wurde in der Öffentlichkeit und in den Medien eine teilweise emotional aufgeladene Diskussion über die Verantwortung der Presse und über die moralische Beurteilung der Suizidhandlung geführt. In der Zeitung „Der Freisinnige" vom 29. Dezember 1880 z. B. wurde die These des Pressemordes vertreten:

> „Als dann die Angriffe des ‚Nebelspalters', des ‚Andelfinger Volksblattes', der ‚Züricher Post' kamen, war der geistig und körperlich kranke Mann nicht mehr widerstandsfähig genug und erlag den schändlichen Angriffen einer gewissenlosen Presse. Die Nummer des ‚Nebelspalters', welche die schmählichen Illustrationen gegen Anderwert enthielt, wurde an die Mitglieder des Bundesrathes und vielen Mitgliedern der Bundesversammlung zugesandt und auch die betreffende Nummer der ‚Züricher Post' sei im Thurgau in grosser Zahl verbreitet worden. Es gibt einen Mord, der nicht

durch Waffen oder Schlaginstrumente beigebracht wird, es ist der Mord der Ehre und des guten Namens und dieser ist für charaktervolle Naturen so schlimm wie der persönliche."

Auch im „Vaterland" vom 29. Dezember 1880 wurde die Presse verantwortlich gemacht für die Tragödie:

„Ja, es ist ein harter Schlag, der die Schweiz dem Auslande, den Bundesrath aber dem eigenen Lande gegenüber getroffen. Ein harter Schlag aber auch für die konservativen Elemente der Schweiz, deren billigen Forderungen Herr Anderwert zu verschiedenen Malen in massvoller und unabhängiger Weise Rechnung zu tragen verstanden. Daher die Fehde, die man ihm besonders in letzter Zeit von einer gewissen Seite her eröffnete, deren Parteiwillkür und Rücksichtslosigkeit gegenüber Andersdenkenden genugsam bekannt sind, daher der Hohn und die niederträchtige Besudelung seitens einer in Wort und Bild gleich ausgelassenen, frechen Skandalpresse. ‚Sie haben mein Opfer gewollt! Nun sei es denn!' sind die letzten Worte Anderwerts gewesen. Eine entsetzliche Mahnung für alle diejenigen, die das Hohe und ideale Gut der Pressfreiheit zum Zerrbilde elender Pressfrechheit herabgewürdigt. Damit überschlagen wir dieses traurigste aller Blätter unserer neuern vaterländischen Geschichte, um unsern Blick von der Vergangenheit weg der Zukunft zuzulenken. Die erste inhaltsschwere Frage aber, die sich uns hier gegenüberstellt, ist: Welches wird bei der geschaffenen Lage das weitere Schicksal unseres hohen Bundesrathes sein? Wer soll die geschossene Bresche künftighin ausfüllen und dem unglücklichen Anderwert in die oberste Landesbehörde nachfolgen? – Hierüber ein ander Mal.
[...] Die heutigen Berner Blätter widmen dem Dahingeschiedenen alle insgesamt einen warmen, wenn auch kurzen Nachruf. Ebenso verurtheilen alle in gerechter Entrüstung jene Klasse von Pressorganen, welche zu nicht geringerem Theile durch ihre unablässigen perfiden Angriffe den Unglücklichen dahin gehetzt, wo er am Weihnachtsabende zu Unglück des Landes betroffen wurde.
Herr Droz, Vizepräsident des Bundesrathes, wird nun in nächster Februarsitzung der Bundesversammlung zweifelsohne zum

Bundespräsidenten vorrücken. Derselbe steht in dem jugendlichen Mannesalter von 36 Jahren.

[...] Der Selbstmord des designierten schweizerischen Bundespräsidenten Anderwert lenkt die Aufmerksamkeit auf eine der interessantesten staatspolitischen Erscheinungen der Gegenwart, die Décadence des öffentlichen Geistes in der Demokratie. Kein Ereignis konnte ein grelleres Licht auf diese Zustände werfen, als die Thatsache, dass die Skandalpresse den ersten Beamten der Eidgenossenschaft genöthigt hat, fünf Tage vor dem Antritt seiner Stelle sich den Tod zu geben, um der Gefahr zu entgehen, dass die Würde des Amtes von dem Kothe beschmutzt werde, welchen die Verleumder auf seine Person warfen. In dem Abschiedsschreiben an seine greise Mutter und seine Schwester erklärt der Präsident, dass er es vorziehe, seinen Gegnern zu weichen. Welchen Rückschluss gestattet die Absurdität, dass ein einst hochgeachteter und einflussreicher Staatsmann vor Feinden, wie dem ‚Nebelspalter‘ und dem ‚Postheiri‘, Witzblättern der untergeordnetesten und witzlosesten Sorte, freiwillig den Kürzeren zieht, welche Folgerung gestattet sie auf die Zustände der Verwaltung der Gesellschaft und der Presse der Eidgenossenschaft und ihrer massgebenden öffentlichen Meinung, welche die Seele jeden Staatswesen ausmacht! Aber freilich, für aufmerksame Beobachter schweizerischer Verhältnisse stand es längst in Zweifel, dass es vom Bodensee bis zum Jura längst amerikanisch zugeht, dass die Nachkommen Wilhelm Tells seit zehn Jahren eilig ausschreiten, um in den Fusstapfen der modernen Korruption zu bleiben. An alledem war nichts mehr interessant, als die Probe, welche Folgen der Verderb auf einen kleinen, in beschränkten Verhältnissen sich bewegenden Freistaat haben würde, nachdem man die Konsequenzen bei grossen Völkern bereits auf ihre Wirkung hatte prüfen können. Nun, der Selbstmord auf der kleinen Schanze in Bern hat deutlich gesprochen." (Vaterland, 29.12.1880)

Im Pariser „Le Temps" vom 28. Dezember 1880 schrieb ein langjähriger Kollege von Anderwert einen Artikel, in dem er den rohen und derben Stil der Medien anprangerte, diesen indessen *nicht* als Grund für dessen Selbstmord interpretierte. Er führte ihn auf die Gehirnerweichung zurück:

„Die Vermutungen über die wahrscheinlichen Motive dieses tragischen Todes nahmen ihren Lauf. Herr Anderwert war in letzter Zeit zahlreichen groben Angriffen der Presse ausgesetzt; eine Zeitung im Stil des Charivari, erschienen in Zürich, hatte ihn besonders attackiert. Viele Leute schreiben den verzweifelten Entschluss von Hr. Anderwert dem großen Kummer zu, den ihm die Angriffe bereitet hatten. Ich bin in der Lage, dem einen weit natürlicheren Grund zuzuweisen. Unsere Staatsmänner wissen, dass sie ungerechter Beurtheilung ausgesetzt sind, und die jetzige Periode übertrifft in diesem Punkt alle vorangegangenen. Es genügt, dass einer einen Feind oder einen Neider hat, um eine Zeitung zu finden, die ihm bereitwillig alle Verbrechen, alle Laster oder alle Schwächen zur Last legt, und was unsere Politiker betrifft, gibt es nicht einen, dem seine Dienste am Land nicht von einem gewissen Teil der Presse mit Ehrverletzungen oder schimpflichen Beschuldigungen vergolten worden waren. Hr. Anderwert wusste das so gut als irgendein anderer, und man tut seinem Andenken Unrecht, wenn man ihn für fähig hält, sich wegen Zeitungskarikaturen den Tod gegeben zu haben.
[...] Die Wahrheit ist folgende: Hr. Anderwert war seit einiger Zeit ernsthaft erkrankt, er litt an heftigem Kopfschmerz und an hartnäckiger Schlaflosigkeit. Während der letzten Session der Kammer, hatte er einen seiner Landsmänner konsultiert, Hr. Doktor Deucher, der ihm eindringlich geraten hatte, Bern für einige Zeit zu verlassen und sich von allen öffentlichen Geschäften zu enthalten. Hr. Deucher hat bei seinem Freund alle Symptome einer Gehirnerweichung festgestellt. Es ist nur zu natürlich, um nicht vollkommen wahrscheinlich zu sein, dass Hr. Anderwert von der gemeinen Art betroffen war, womit ihn einige Zeitungen behandelt hatten, als das Vertrauen der Bundesversammlung ihn zum höchsten Amt des Landes berufen hatte, aber dass dies der entscheidende Grund für seinen Selbstmord sein soll, lehnen alle zu glauben ab, die den Staatsmann gekannt haben, so wie ich ihn auch kannte, und sie schreiben sein bedauernswertes Ende ohne zu zögern einem Moment geistiger Störung zu, was die körperliche Verfassung, worin er sich befand, genügend erklärt." (Le Temps, 28.12.1880)

Die NZZ bezog sich am folgenden Tag auf diesen Korrespondentenbericht und gewichtete die Bedeutung der Presse für den Suizid von Anderwert stärker:

> „So argumentierten auch wir nach Empfang der ersten Nach-
> richten von Anderwerts Selbstmord. Aber damit reimt sich
> nicht der hinterlassene Brief, der als einzige Ursache diese
> unwürdige Behandlung durch die Presse angibt und mit den
> Worten schliesst: ‚Ihr wollet ein Opfer, Ihr sollet es haben.' Hat
> Anderwert dieses Motiv nur vorgeschützt, um das wahre zu
> verhüllen? Wenn ja, welches war das wahre Motiv? Oder hatten
> unter dem Einfluss der Krankheit Muth und Kraft so abgenom-
> men, dass schliesslich doch das lebhafte Gefühl, unverdien-
> termassen mit Schande überhäuft zu werden, ihm das Leben
> unerträglich machte? – Wir stehen da vor einem Räthsel, das
> wir nicht zu lösen wissen, und gewiss thut man dem Andenken
> Anderwerts auch dann Unrecht, wenn man annimmt, dass er
> in seinem letzten Briefe, in welchem er von seinen Nächsten
> Abschied nimmt, nicht das wahre Motiv angegeben habe." (zit.
> n. Weishaupt 2000)

In den Medien entwickelte sich ein gehässiger Streit zwischen
Zeitungen, welche die These des Pressemordes vertraten, und
jenen, die den hirnpathologischen Veränderungen die Ursache
für den Suizid zuordneten, welche durch die Obduktion zu
Tage gefördert wurden. Sowohl für politische Freunde als auch
Feinde von Anderwert konnten beide Varianten der Argumen-
tation – die Hirnpathologie-These und die Pressemord-These –
von Vorteil sein. Die Hirnpathologie-These entlastete die Feinde und die polemischen Journalisten vom Vorwurf, sie hätten
den Bundespräsidenten durch ihre publizistische Aggressivität
in den Tod getrieben. Sie gab gleichzeitig den Freunden und
Anhängern von Anderwert die Grundlage für die Annahme,
dass er sich nicht aus unehrenhaften Motiven, aus moralischer
Schwäche das Leben genommen habe. Die Pressemord-Argu-
mentation gab den Anhängern von Anderwert aber die Möglichkeit, den Gegnern und aggressiven Journalisten die Schuld
für den Suizid zuzuweisen. Den Feinden Anderwerts aber
diente sie als Beweis dafür, dass Anderwert aus Feigheit und
unehrenhafter Resignation aus dem Leben geschieden sei. Ein
Leserbriefschreiber aus Zürich, offensichtlich ein Anhänger
von Anderwert, warf in der „Thurgauer Zeitung" vom 30. Dezember 1880 den „Schundblättern" vor,

„einen der besten Söhne unseres Vaterlandes in den Tod gehetzt"
zu haben und gelobte, „nicht eher zu ruhen, als bis das, Gottlob,
in grosser Mehrheit noch unverdorbene Schweizervolk den Stab
bricht über den Elenden, welche Armee, Behörden, Familie und
Bürger, Recht, Pflicht und Gesetze besudeln und verhöhnen auf
unerhörte Art."

Die „Zürcher Post" kritisierte die Komplott-Theorie der
„Thurgauer Zeitung" und wehrte sich gegen den Begriff „Sudelpresse":

„Wann wird endlich diese schablonenhafte und schwachsinnige
Manier zu urtheilen aufhören? [...] Wir selbst, da man so liebens-
würdig ist, uns auch der ‚Sudelpresse' beizuzählen, erklären in
aller Ungezwungenheit, dass wir uns diesen Schimpf in Rücksicht
auf diejenigen, die ihn uns anthun, gerne gefallen lassen. Dennoch haben wir je erzählt, noch werden wir Liebesgeschichten
erzählen, wie sie solche mit Behagen bei Gehlsen erzählten, der
bloss ein Zeitungsschreiber, und bei Hafner, der bloss ein zürche-
rischer Statthalter war. Proh pudor!" (Zürcher Post, 31.12.1880,
zit. n. Weishaupt 2000)

In einem zweiten Leserbrief richtete sich der Einsender im
Proklamationsstil an seine Mitbürger und forderte sie auf, die
züricherische „Schmutzpresse" nicht mehr zu abonnieren. Er
erhielt dann eine Antwort in einer Konkurrenzzeitung:

„Mit Verlaub! So lange dieser reumüthige ‚Abonnent' auf eines
dieser genannten Blätter nicht nachweist, dass die Zürcher Post
jemals Hrn. Anderwert persönlich angegriffen und blossgestellt
und ihm nicht bloss sachlich Opposition gemacht hat, werde ich
mit vielen Andern auf dieses mir durch seine Frische und Entschiedenheit lieb gewordene Blatt, dem nichts anderes zur Last
gelegt werden kann, als dass es unentwegt bei der Fahne der Demokratie ausharrt, weder der Thurgauer Zeitung noch dem Reu-
müthigen zu liebe verzichten. Ein Abonnent der Zürcher Post"
(Zürcher Post, 1.1.1881, zit. n. Weishaupt 2000)

4 Heinrich Bölls *Katharina Blum* und das Medienopfersyndrom

4.1 Der Hintergrund der Erzählung – Heinrich Böll als Medienopfer

„Die Gewalt von Worten kann manchmal schlimmer sein als die von Ohrfeigen und Pistolen". Diese Feststellung traf Heinrich Böll im Oktober 1974 in einem Interview (Bellmann/Hummel 1999, 35). Der Autor der Erzählung „Die verlorene Ehre der Katharina Blum oder: wie Gewalt entstehen und wohin sie führen kann" hat sich immer als ein Schriftsteller verstanden, der sein literarisches Schaffen eng an bestimmte Zeitprobleme band: das Geschehen des Krieges, den er sechs Jahre als Soldat erlebt hat, die Probleme der Notzeit nach dem Krieg, die materialistischen und egoistischen Auswüchse des Wirtschaftswunders, den verstärkten Einfluss einstiger Nationalsozialisten und die Remilitarisierung der Bundesrepublik in den Fünfzigerjahren (Sowinski 1994). Diese Erzählung wurde in einen bestimmten Kontext hineingeschrieben, in eine Zeit, die sich mit Begriffen wie „außerparlamentarische Opposition", „Terrorismusdebatte", „Sympathisantenproblem" und „Radikalenerlass" charakterisieren lässt (Bellmann/Hummel 1999, 27).

Als erste öffentliche Aktionen der terroristischen Vorläufer der „Roten Armee Fraktion" (RAF) gelten die Brandanschläge auf zwei Kaufhäuser in Frankfurt a. Main am 2. April 1968. Die Polizei nahm als mutmaßliche Brandstifter vier Personen fest, darunter die Germanistikstudentin Gudrun Ensslin und ihren Freund Andreas Baader. Über den Prozess gegen sie berichtete die Journalistin Ulrike Meinhof regelmäßig in der Zeitschrift „Konkret". Als das Gerichtsurteil rechtskräftig wurde, tauchten beide Verurteilte in den Untergrund ab. Baader wurde am 4. April 1970 erneut verhaftet und festgesetzt. Knapp sechs Wochen später wurde er bei einer Ausführung aus der

Haftanstalt mit Waffengewalt befreit. Ulrike Meinhof war an dieser Aktion beteiligt (Krebs 1999). Im Untergrund begannen Baader, Ensslin, Meinhof und der Rechtsanwalt Horst Mahler, der Baader und Ensslin in Frankfurt verteidigt hatte, die „Rote Armee Fraktion" aufzubauen, mit dem Ziel, das Machtgefüge des Staates zu zersetzen (Bellmann / Hummel 1999).

Nach einer Serie von Brand- und Sprengstoffanschlägen gegen Einrichtungen der US-Armee, gegen Richter, die über Terroristen geurteilt hatten, und gegen den Springer-Konzern, verabschiedeten am 28. Januar 1972 die Regierungschefs der Länder unter Vorsitz von Bundeskanzler Willy Brandt den sog. Radikalenerlass. Hiernach konnten Bewerber für den Öffentlichen Dienst verschärft auf ihre Verfassungstreue überprüft werden. Dies löste heftige Kritik an der Einschränkung der Meinungsfreiheit und der Entwicklung der Bundesrepublik in Richtung Polizeistaat aus. Auch Böll meldete sich zu Wort in einer am ersten Weihnachtstag 1973 ausgestrahlten Sendung des Westdeutschen Rundfunks und bezeichnete diesen Erlass als „der Bundesrepublik Deutschland unwürdig":

> „Der Radikalenerlaß verhindert radikale politische und geistige, theoretische und praktische Auseinandersetzung mit Problemen; er entmutigt Jugendliche und junge Leute, die im öffentlichen Dienst arbeiten wollen, er zwingt sie zu demütigender Anpassung oder zur Heuchelei. Es ist ein Erlaß gegen die Hoffnung, er verordnet Hoffnungslosigkeit und Lähmung [...]" (Bellmann / Hummel 1999, 29)

Als Böll im Juli / August 1974 seine Erzählung veröffentlichte, zunächst in vier Fortsetzungen im „Spiegel", dann in Form eines Buches, das zum Bestseller des Jahres 1974 wurde, sahen manche seiner Kritiker darin eine literarische Retourkutsche und somit eine persönliche Polemik: als Racheakt gegen die Bild-Zeitung gerichtet für die vielen Schmähungen, die er 1972 hatte erleiden müssen (Sowinski 1994). Im Januar 1972 war im „Spiegel" ein Artikel von ihm erschienen mit der Überschrift „Will Ulrike Gnade oder freies Geleit?", in dem er sich mit den Praktiken der Bild-Zeitung bei der Berichterstattung über die Baader-Meinhof-Gruppe auseinandersetzte. Darin heißt es:

> „Wo die Polizeibehörden ermitteln, vermuten, kombinieren, ist
> ‚Bild‘ schon bedeutend weiter: ‚Bild‘ weiß [...] Ich kann nicht be-
> greifen, daß irgendein Politiker einem solchen Blatt noch ein In-
> terview gibt. Das ist nicht mehr kryptofaschistisch, nicht mehr
> faschistoid, das ist nackter Faschismus, Verhetzung, Lüge, Dreck
> [...] Wer zieht ‚Bild‘ zur Rechenschaft, wenn die Vermutungen der
> Polizei sich als unzutreffend herausstellen?“ (Böll 1972)

Diese Stellungnahme war eine Antwort auf einen Bericht der
Bild-Zeitung, mit dem Titel „Baader-Meinhof-Gruppe mordet
weiter!“ (23.12.1971), nachdem am 23. Dezember 1971 Unbekannte einen Banküberfall verübt hatten, bei dem ein Zivilist
erschossen wurde. Diese Vorverurteilung provozierte die Empörung und den Aufsatz des Schriftstellers, der eine ungeahnte
Protestwelle gegen ihn bei Lesern auslöste, die diesen Text nur
als Eintreten für Ulrike Meinhof verstanden. In Wirklichkeit
richtete er sich aber gegen die Methode der Berichterstattung
der Bild-Zeitung, die Schuldzuweisungen vornahm, ohne dafür Anhaltspunkte und Beweise zu haben (Sowinski 1994).

Die Erzählung hatte, wie Böll selbst einräumte, „einen ganz
eindeutig politisch-pamphletischen Zug, eine klare Tendenz,
und zwar mehr als jedes andere Buch, jede andere Erzählung,
die ich geschrieben habe“ (19.5.1976, 7). Böll wies nach Erscheinen der Erzählung darauf hin, dass er bei der Abfassung
des Werks auch das Schicksal des Psychologieprofessors Peter
Brückner in Hannover vor Augen hatte, der im Januar 1972
zeitweilig vom Dienst suspendiert worden war, weil er Angehörige der Baader-Meinhof-Gruppe in seinem Haus über-
nachten ließ (Sowinski 1994). Ähnlich wie Böll nach seinem
Spiegel-Aufsatz über Ulrike Meinhof, wurde Brückner nach
Bekanntwerden dieser Vorgänge in den Medien angegriffen
und verleumdet, was er wie folgt beschrieb:

> „Ich sah mich bald einer Situation gegenüber, die mich zum Op-
> fer abstempelte, dem allgemeine Verachtung zuteil wurde. Ich
> wurde gleichsam umklammert. Es entstand eine Scheinrealität
> um mich herum. Je nach dem, wann und in welchen Zeitungen
> Berichte über mich erschienen, setzte bei Tag und bei Nacht

eine Flut von anonymen Telefonanrufen ein. Es gab viele Droh-
briefe. Auf der Straße wandten sich viele von mir ab. Ich sah mich
plötzlich betroffen, belastet, diffamiert und fragte mich: Bin
ich's oder bin ich's nicht? Das Problem der Isolierung traf mich
unvermittelt. Es entstand eine Publicity, die nicht Folge von Ver-
dienst oder Verbrechen war. Im Herbst 1972 entdeckte ich in einer Sonntagszeitung mein Konterfei unter einem Artikel mit der
Schlagzeile: Im Bett macht Ulrike ihre Männer munter. Es wurde
eine Person B produziert, wobei sich ein Image herausbildete, das
dem Selbstverständnis des Opfers nicht mehr entsprach. Durch
die Negativ-Publicity war ich zur Unperson geworden, gleichsam
einem Zustand der persönlichen Entfeierlichung ausgesetzt. Die
soziale Distanz gegenüber dem, der zur öffentlichen Unperson
geworden ist, wächst. Jedes Treffen − auch mit Freunden und
Leuten aus der eigenen politischen Gruppe − wird zur Veranstaltung. Dadurch schwindet die Chance, unbefangen miteinander
umgehen zu können. Es gab auch noch andere Beispiele dieser
Art. Damit will ich nicht sagen, die mit solchen Berichten befaßt
gewesenen Journalisten seien unfähig gewesen. Nur habe ich einige kennengelernt, die zu allem fähig waren!" (Höring 1974, 7)

Unmittelbarer Anlass für die Entstehung der Erzählung „Die
verlorene Ehre der Katharina Blum" war ein Ereignis, in dessen Mittelpunkt im Februar 1974 Bölls ältester Sohn Raimund
(geb. 1947) stand. Dieser geriet, als sein entwendeter Wehrpass
in einer konspirativen Wohnung gefunden wurde, in den Verdacht der Baader-Meinhof-Komplizenschaft. Seine Wohnung
wurde aufgebrochen und durchsucht, er selbst einem Verhör
durch die Staatsanwaltschaft unterzogen. Spezifische Begleit-
umstände dieses Vorgangs waren es, die Heinrich Böll mit besonderer Verbitterung zur Kenntnis nahm. Zum einen meldete
die im Springer Verlag erscheinende „Berliner Zeitung" BZ die
Haussuchung schon mehrere Stunden vor ihrer tatsächlichen
Durchführung (am Nachmittag des 7. Februar), was auf eine
Zusammenarbeit der Springer-Presse mit der Polizei schließen
ließ. Sie hatte zur Folge, dass die Polizeiaktion in Köln, einschließlich der Abführung des Verdächtigen, zu einem spektakulären Presse-Ereignis wurde. Der Artikel, der diese Wirkung
auslöste, wurde in der Ausgabe der BZ vom 7. Februar auf der

Titelseite in großen Lettern angekündigt: „Haussuchung beim Sohn des Nobelpreisträgers Heinrich Böll". Im Bericht war zu lesen:

> „Auf prominente Namen stieß die Polizei bei der Sichtung des Beweismaterials, das Anfang der Woche bei dem Verhaftungs-schlag gegen Mitglieder der Baader-Meinhof-Bande sicherge-stellt werden konnte. Seitdem steht ein Sohn des bekannten Schriftstellers und Nobelpreisträgers Heinrich Böll unter dem dringenden Verdacht, diese kriminelle Vereinigung unterstützt zu haben. Unter größter Geheimhaltung drangen Beamte des Staatsschutzes gestern vormittag in die Wohnung des 26jähri-gen Raimund Böll in der Bonner Straße in Köln ein. Mit einem Durchsuchungsbefehl.
>
> Anlaß der Blitzaktion: In der konspirativen Wohnung in der Hamburger Bartholomäusstraße waren der Wehrpaß des Böll-Sohnes und drei Reisepässe seiner Ehefrau Lila gefunden worden. Die Polizei vermutet, dass die Papiere den Bandenmitgliedern zur Verfügung gestellt worden sind. Denn mit Sicherheit hatte Raimund Böll Kontakt zu den lang gesuchten Anarchisten.
>
> Genau vor vier Wochen, am 8. Januar, wurde von Verfassungs-schutzbeamten eine junge Frau beobachtet, die die Wohnung des Böll-Sohnes betrat und später wieder verließ. Diese Frau war das Bandenmitglied Margrit Schiller." (BZ, 7.2.1974)

Wenige Tage später, am 12. Februar 1974, drei Tage nach einem Sprengstoffanschlag in Köln, erschien in der Bild-Zeitung ein weiterer Beitrag über Raimund Böll in einem agitatorischen Stil:

> „Raimund Böll, 1,81 Meter groß, zwei Zentner schwer, bis auf die Schultern reichende Haare, dichter Schnauzbart und randlose Brille, will mit diesen Werken ‚Symbol der Aggression' zeigen.
>
> Letzte Woche geriet der Dichter-Sohn in den bösen Verdacht, bei dieser ‚Aggression' mitgeholfen zu haben. In der Wohnung im 7. Stock des Hochhauses Bartholomäusstraße 20 in Hamburg fand die Polizei seinen Wehrpaß und drei abgelaufene Pässe sei-ner indischen Frau Lila […]
>
> Die Kunst des Kölners ist brotlos. Aber: Vaters Scheck ernährt ihn. In Kölner Galerien sind seine Maschinen, in denen Menschen geköpft und erschlagen werden, erst jetzt bekannt.

> Mit der Baader-Meinhof-Bande, für die sein Vater freies Ge-
> leit forderte – hat Raimund Böll, wie er bei der Polizei sagte, ‚als
> friedliebender Mensch nichts im Sinn'.
> Was Die im Sinn haben, hat er am letzten Samstagabend ge-
> hört. Die Explosion der Bombe, die am Gebäude der Deutschen
> Industrie hochging. Das Haus liegt nur 800 Meter Luftlinie von
> Raimund Bölls Dachstube entfernt." (Bild, 12.2.1974)

Es ist dieser salopp-denunziatorische Stil, den Böll in seiner
Erzählung aufgreift und parodistisch übersteigert.

4.2 Das Medienopfer Katharina Blum

Diese sehr einfache Geschichte handelt vom Kampf um die
Ehre, um das Menschsein. Katharina Blum ist eine junge Frau,
wie es viele gibt – Hausangestellte, ein bisher unbeschriebenes
Blatt, und dennoch ein Mensch mit Neigungen, Vorzügen und
Nachteilen. Sie ist geschieden, sie träumt ihren kleinen Traum
vom Glück, sie hat ihre sentimentalen Beziehungen. An einem
Hausball ihrer Tante lernt sie einen jungen Mann, Ludwig Götten, kennen, in den sie sich verliebt, mit dem sie die Nacht ver-
bringt. Am anderen Morgen dringt die Polizei überfallartig bei
ihr ein, doch der Geliebte, Gesuchte, ist schon weg. Katharina
wird verhaftet und einvernommen. Sie gerät in die Mühlen rü-
der polizeilicher Ermittlungsarbeit des Kommissars Beizmenne. Damit beginnt der psychische Terror, der Katharinas Ehre
zugrunde richtet.

Die Polizei verhört nicht, sondern projiziert ihr „Feindbild"
auf Katharina, macht aus dem Dienstmädchen eine gefährliche
Anarchistin, die Verbrechern Vorschub leistet und auf die Zer-
setzung der Gesellschaft hinarbeitet. Sie wird nun auch Opfer
einer schlüpfrig-spekulativen Pressekampagne der „Zeitung",
deren Reporter Tötges ungeniert in ihrem Privatleben wühlt.
Die Sensationspresse bemächtigt sich des „Blümcleins" und
raubt ihm, was an Ehre noch geblieben ist: Skrupellos werden
die Aussagen von Katharinas Bekannten der knalligen Titel-
story angepasst. Aus der alleinstehenden Frau wird eine Mör-

derbraut, eine Dirne, ja eine gefährliche Kontaktperson zum politischen Untergrund konstruiert. Die „Zeitung" sucht, wie die Polizei, nur den Stoff für eine bereits konzipierte Geschichte. Mit Lügen und Fälschungen konstruiert sie das Reizbild der linken Hure, mit kalkulierter Hysterie betreibt sie die Diffamierung, den Rufmord, die öffentliche Verurteilung der Katharina Blum, bevor man ihr die geringste Schuld nachweisen kann.

Die Zusammenarbeit von Polizei und Boulevardpresse funktioniert reibungslos. Millionenfach wird die Reaktion der Öffentlichkeit ausgelöst: Eine Flut von anonymen Drohungen und obszönen Briefen ergießt sich über Katharina und die wenigen Menschen, die noch zu ihr stehen. Die dumpfe Aggression, die die „Zeitung" mit subtiler Geilheit schürt, kommt hier, in ihrem Resonanzboden, ganz direkt zum Ausdruck. Das Volk hat die Botschaft verstanden: Spricht die „Zeitung" von „Räuberliebchen" und der „Mörderbraut", so sagen die Leute „Nüttchen" oder „Kommunistensau", wenn sie Katharina anpöbeln, ihr eklige Briefe und Pornofotos schicken, ihr am Telefon Obszönitäten ins Ohr zischeln. Die „Zeitung" schreckt selbst vor dem Krankenbett der Mutter nicht zurück und opfert das Leben der alten Frau einem journalistischen Lügengespinst, mit dem die erwünschte Ordnungshysterie herbeigeführt werden kann.

Aber je gemeiner Katharina Blum angefasst wird, desto „stärker wird sie". Gedemütigt und verzweifelt bestellt sie Tötges zu einem „Exklusivinterview" in ihre Wohnung. Als er ihr dort zynisch zu ihrer Popularität gratuliert und sie auffordert, mit ihm zu „bumsen", erschießt sie ihn und stellt sich der Polizei.

Boulevardzeitungen wie hier die „Zeitung" suchen den Absatz ihrer Massenauflagen dadurch zu steigern und zu sichern, dass sie ihre Meldungen in den Formulierungen und im Layout möglichst sensationell aufmachen. Weniger die politische Relevanz und der Informationswert der Veröffentlichung sind entscheidend als der Unterhaltungswert. Der Sensationscharakter wird in der Stoffauswahl zumeist durch Konzentration auf Gewalttaten, Liebesbeziehungen, Skandal und Unerwartetes erreicht, deren Einzelheiten in einem möglichst reißerischen Stil vermittelt werden, der ein schnelles Erfassen des Textes durch ein breites, wenig reflektierendes Publikum ermöglicht.

Die Vorgänge um Katharina Blum schienen solchen Erwartungen zu entsprechen. Zwar lag hier kein von der Kriminalpolizei im Einzelnen beschriebenes Verbrechen vor. Auch die von dieser übermittelten Kennzeichnungen Ludwig Göttens „ein lange gesuchter Bandit; […] des Bankraubes fast überführt und des Mordes und anderer Verbrechen verdächtigt" waren geeignet, ein Leserinteresse am Tathergang zu wecken. Da über den Täter und sein Delikt wenig Details bekannt waren, dagegen über Katharina Blum, wurde der Akzent der Berichterstattung auf die suspekten Eigenschaften der Gehilfen gelegt. Als Titelseitenstory wird mit Riesenfoto in Riesenbuchstaben angekündigt „Räuberliebchen Katharina Blum verweigert Aussage über Herrenbesuche". Die „Zeitung" konzentriert sich auf die Veröffentlichung der „Hintergrundinformationen" über den „Charakter der Blum und ihre undurchsichtige Vergangenheit" und lässt Zeugen vor allem aus Katharinas Heimatort zu Wort kommen, darunter ihren früheren Ehemann.

4.3 Methoden der Informationsverfälschung

Tötges greift zu verschiedenen Methoden der Informationsverfälschung. Zunächst betreibt er die *negative Umformung von positiven Zeugenaussagen* über Katharina. So wird z. B. die Aussage, sie sei „eine sehr kluge und kühle Person" zu „eiskalt und berechnend". Und die Kennzeichnung „radikal hilfsbereit" zu „eine in jeder Beziehung radikale Person, die uns geschickt getäuscht hat."

Eine weitere Methode ist die *übertreibende und verleumderische Ausschmückung*: Nach einer Zeugenaussage ist Katharinas Mutter „einmal […] erwischt worden, wie sie in der Sakristei gemeinsam mit dem Küster eine Flasche Meßwein getrunken" hat. In der „Zeitung" wurde diese Beobachtung wie folgt verbreitet: „[…] hat Meßwein gestohlen und in der Sakristei mit ihren Liebhabern Orgien gefeiert." Aus Katharinas Wohnung macht Tötges in seinen rhetorischen Fragen ein „Konspirationszentrum, ein[en] Bandentreff, ein[en] Waffenumschlagplatz". Ferner ist in Tötges' Berichterstattung ein „Verschweigen aller Katharina entlastenden Fakten" zu erkennen. So verschwieg er beispielsweise, dass sie die Eigentumswohnung durch Ersparnisse aus ihrer Mehrarbeit und aus Darlehen, die sie regelmäßig abzahlte, finanziert hatte und nicht aus Geldern eines Bankraubs, wie es die „Zeitung" suggerierte.

Eine weitere Methode ist die *Abwertung Katharinas und ihrer Freunde.* Neben der Charakterisierung als „Räuberliebchen" und „Mörderbraut" ist von der „undurchsichtige[n] Vergangenheit" Katharinas die Rede. Ein Bauer, der ausgefragt wurde, beschreibt sie als „seltsam", sie habe „so prüde getan". Ihr Verhalten wird als „skrupellos" bezeichnet. Auch die Beschreibung als „verstockt" dient zu ihrer negativen Stilisierung.

Dieser Herabsetzung von Katharina Blum steht eine *sentimentalisierende Aufwertung der Gegenseite* gegenüber. Die Bürger ihrer einstigen Heimatstadt werden vom Reporter als „biedere" und „redliche" Arbeiter dargestellt, die „bereitwillig" Auskunft geben. Dies trifft vor allem auf ihren früheren Ehemann zu, der als „redlicher, bescheidener Arbeitsmann" erscheint, „weise" redet. Von Katharina demgegenüber heißt es hier, dass sie „falsche Vorstellungen vom Sozialismus" hatte, ihre „Reichtümer" nicht „ehrlich erworben" habe, „Zärtlichkeiten eines Mörders und Räubers" lieber hatte als die ihres Exmannes und voller „Radikalität und Kirchenfeindlichkeit" war. Ihr einstiger Pfarrer meinte, „Der trau ich schon alles zu" (Sowinski 1994, 46f).

Um bei der Leserschaft anzukommen, passt sich die „Zeitung" konsequent ihrem Sprach- und Leseverhalten an: Durch fettgedruckte Schlagzeilen erweckt sie das Interesse des Zeitungslesers. Ihre Sprache bewegt sich beinahe durchgängig auf dem Sprachniveau der angesprochenen Leserschaft. Bezeichnend ist die *Verwendung von Schlagwörtern, grammatikalischen Verkürzungen* („Mörderbraut verstockt!"), *einfachem parataktischen Satzbau* („Die Blum erhielt regelmäßig Herrenbesuch"), *Nominalstil* („Mörderbraut – kein Hinweis auf G's Verbleib – Großalarm") (Ludwig 1999, 49). So wendet sich in dieser außerhalb jeder Legalität verlaufenden eigenen Untersu-

chung der Medien und öffentlichen Diffamierungskampagne
alles gegen Katharina Blum: Ihre gescheiterte Ehe, ihre noto-
rische Zurückhaltung gegenüber Männern, ihre schwierigen
Familienverhältnisse, ihre weiter nicht erklärbare Zuneigung
zu Ludwig Götten, Katharinas Versuch, ihre Intimsphäre zu
verteidigen und ihre Rechte als einstweilen keiner Gesetzesver-
letzung überführte Bürgerin zu wahren, werden von den Beamten als Raffiniertheit und bockige Strapazierung der Rechts-
ordnung gedeutet. Alles, was sie tut und ist, hat keine Chance,
richtig verstanden zu werden, sondern kann nur im Sinne der
auf sie projizierten Vorurteile ankommen.

4.4 Die Tatpsychologie

Die Erzählung der Ereignisse vom Tanzabend mit Ludwig
Götten bis zur Erschießung des Journalisten Tötges und ihrer
Selbstanzeige verdeutlicht, wie eine junge, unbescholtene Frau
zur Mörderin werden konnte. Eine psychologische Deutung
ist nur als hermeneutisches textinterpretatives Unterfangen
möglich, weil keine weiteren Nachforschungen, Interviews,
Tests etc. vorgenommen werden können. Die Psychologie der
Figuren ist nur die psychologische Konstruktion der Figuren
des Erzählers. Dieser bietet für eine psychologische Erklärung
selbst bestimmte Hinweise. Er sinniert zwischendurch über
den Zeitpunkt der Entstehung des Mordplanes und damit der
Mordmotive und zählt mögliche auslösende Ereignisse und
Konstellationen dazu auf:

> „Es hat natürlich ziemlich viel Theorien gegeben, die den Zeit-
> punkt herauszuanalysieren versuchten, an dem Katharina die ers-
> ten Mordabsichten fasste oder den Mordplan ausdachte und sich
> dazu entschloss, ihn auszuführen. Manche denken, dass schon
> der erste Artikel am Donnerstag in der ZEITUNG genügt habe,
> wieder andere halten den Freitag für den entscheidenden Tag,
> weil an diesem Tag die ZEITUNG immer noch keinen Frieden gab
> und Katharinas Nachbarschaft und Wohnung, an der sie so hing,
> sich als (subjektiv jedenfalls) zerstört erwies; der anonyme Anru-
> fer, die anonyme Post und dann noch die ZEITUNG vom Samstag

> und [...] die SONNTAGSZEITUNG [...] Gewiss ist, dass sich in ihr
> etwas gesteigert hat – dass die Äußerungen ihres ehemaligen
> Ehemannes sie besonders aufgebracht haben, und ganz gewiss
> ist, dass alles, was dann in der SONNTAGSZEITUNG stand, wenn
> nicht auslösend, so doch keineswegs beruhigend gewirkt haben
> kann." (Böll 2000, 79)

Die psychische Verfassung wird in der Erzählung auch durch
Frau Woltersheim während ihrer Vernehmung durch Beizmenne und die Staatsanwälte gekennzeichnet.

> „Sie kenne Katharina vom Tag ihrer Geburt an und beobachte
> schon jetzt die Zerstörung und auch die Verstörtheit, die an ihr
> seit gestern bemerkbar sei. Sie sei keine Psychologin, aber die
> Tatsache, dass Katharina offenbar nicht mehr an ihrer Wohnung,
> an der sie so gehangen und für die sie so lange gearbeitet habe,
> interessiert sei, halte sie für alarmierend." (Böll 2000, 62)

Sowinski (1994) meinte in seiner Textinterpretation, dass die
psychische Situation, die schließlich in der Erschießung des
Journalisten kulminiert, mit der Entwicklung von Katharina
Blum vor der Begegnung mit Götten verständlich und nach-
vollziehbar werde. Katharina habe nach ihrer gescheiterten Ehe
durch Fleiß und Beharrlichkeit in ihrer Arbeit und Weiterbil-
dung eine neue Daseinsform erreicht, in der sie mit sich selbst
zufrieden war. Sie habe dadurch eine neue Übereinstimmung
ihres Wesens, eine neue Identität gefunden. Dies sei nur möglich gewesen, weil sie auch in ihrem Gefühls- und Sexualleben
enthaltsam geblieben sei. Dies brachte ihr den Spitznamen
„die Nonne" ein, obwohl sie gelegentlich auch mit Gästen der
Blornas tanzte und sich nach Hause bringen ließ. Als sie nun
Ludwig Götten kennenlernte und sich sogleich in ihn verliebte
und das als beglückendes Erlebnis erfuhr, habe sich ihr eine
neue Dimension erschlossen, und sie habe eine höhere Stufe ihrer Identität erreicht.

Diese Harmonie zwischen ihrem Außen und Innen sei dann
empfindlich gestört und schließlich zerstört worden, als sie
festgenommen, gleichsam öffentlich abgeführt und über das

von ihr als beglückend empfundene Verhältnis zu Götten verhört wurde. Sollte Beizmenne bei seinem gewaltsamen Eindringen in ihren Privatbereich und ihrer Festnahme tatsächlich
gefragt haben: „Hat er dich denn gefickt?", so dürfte hier – wie
der Erzähler vermute – bereits Katharinas erste psychische Ge-
genreaktion in Form von Aggression und Misstrauen ausgelöst
worden sein.

Diese und alle folgenden negativen Behauptungen über Götten, die gewollt oder ungewollt darauf abgezielt hätten, Katharinas Idealbild von ihm und ihr eigenes Selbstwertgefühl
anzugreifen, hätten weitere Abwehrreaktionen in Form von
Aggressionen auslösen müssen, die nicht weiter abgeleitet und
kompensiert werden konnten. Insbesondere Beizmennes Takt-
losigkeiten bei der Frage nach den Herrenbesuchen, bei der er
ihr sexuelle Intimitäten und Prostitution unterstellte – was der
Erzähler selber als „entscheidenden psychologischen Fehler"
rügt – hätten offensichtlich solche Gegenreaktionen ausgelöst.
Die Gefahr, dass Katharinas Aggressionen sich in Form eines
Selbstmordes gegen sie selbst richten könnten, wovon sie wahrscheinlich durch die Liebe zu Götten abgehalten worden sei,
wurde dann von dem Beamten Molden bemerkt. Dieser Zustand habe dann notwendigerweise eine Steigerung erfahren,
als Katharina die üblen Verunglimpfungen über sie in der „Zeitung" entdeckte – zunächst am Freitagmorgen, wo jedoch der
Anruf Göttens sie zuvor ein wenig getröstet hatte, wie auch am
Samstag und Sonntagmorgen.

Eine erste Aggressionsentladung, hervorgerufen durch die
vergebliche Beschwerde gegen die Hetzkampagne der „Zeitung" und die lüstern-gemeinen Anrufe und Beschimpfungen
in ihrer Post, habe sich dann am Freitagabend gezeigt: Katharina bewarf und beschmutzte die „makellosen Wände" ihrer
Wohnung mit den verschiedensten Getränken, Säften und anderen Flüssigkeiten, Saucen und Pflegemitteln. Diesen „Akt
von Vandalismus" könne man „als eine Aggression gegen ihre
Umwelt und als symbolische Vorwegnahme ihrer Aggression
gegen Tötges deuten, der ihre Ehre und Identität in den Schmutz
zog." Angewidert von den Gemeinheiten ihrer Bedränger habe
sie sich so von dem dissoziiert, was ihr bisher Vertrautheit und

Geborgenheit verliehen, einen Teil ihrer Identität ausgemacht habe. Dass Katharina dabei „planvoll, keinesfalls erregt" wirkte, lasse auf eine Sammlung dieser Aggression im Tiefenbereich ihrer Seele schließen. Es lasse auch die spätere Erschießung des Journalisten aus einem solchen Aggressionsstau im Zusammenhang mit der erfolgten Zerstörung ihrer Ehre, ihrer Menschenwürde und ihrem sozialen Wert- und Achtungsanspruch, ihrer Identität mit sich und vor anderen, verständlich erscheinen.

Die Ansammlung und Verfestigung der Aggressionen werde dadurch begünstigt, dass sie kaum mit jemandem darüber spreche, abgesehen von den eher vordergründigen Gesprächen mit ihrer Tante Woltersheim und mit den Blornas am Samstagnachmittag und -abend. So sei sie innerlich immer mehr vereinsamt und verhärtet geworden. Während des Besuchs bei ihrer toten Mutter verharrte sie zunächst recht kühl und begann dann aber „hemmungslos" zu weinen. Dass Tötges durch sein raffiniert erschlichenes und dann manipuliertes Interview letztlich den Tod der Mutter herbeiführte oder jedenfalls beschleunigte, sei vermutlich ein möglicher Anlass für die Vereinbarung des Treffens gewesen. Möglicherweise habe Katharina den von Tötges verursachten Tod ihrer Mutter auch als Bedrohung ihrer selbst empfunden und nach einer Abwehr gesucht. Eine Mordabsicht zu diesem Zeitpunkt der Vereinbarung eines Treffens könne nicht sicher angenommen werden. Aus ihrem schriftlichen Geständnis gegenüber Blorna ergebe sich nur, dass sie neugierig war, den Menschen, der ihr „Leben zerstört hat" kennenzulernen. Der letzte Anstoß, den Journalisten zu erschießen, müsse indessen in der „frech-lüsternen" Aufforderung an Katharina gesehen werden, erst einmal zu „bumsen". Dabei behandelte er sie wie eine Hure, duzte und sprach sie als Blümelein an und verletzte darin ihre Menschenwürde.

Schon Marcel Reich-Ranicki hat in seiner Rezension von Bölls Erzählung darauf hingewiesen, dass die „perfiden Unterstellungen und Lügen" der „Zeitung" „vor allem auf einen einzigen Bereich abzielen: auf das Sexualleben der Katharina Blum". Es werde der Eindruck erweckt, sie sei „eine gewöhnliche Hure" (Reich-Ranicki 1974). In ihrer Studie über Bölls Frauenbild konstatiert Ulla Grandell Silén ein „sexualmoralisches Diffamieren" Katharinas durch die „Zeitung". Dieser Mord sei der endgültige Beweis dafür, dass die „Ehre", die hier verteidigt werden müsse, vor allem als der makellose sexuelle Lebenswandel Katharinas zu verstehen sei (Silén 1982, 21). Auf die Unterschiede der Ehre und einer möglichen Ehrverletzung einer Frau gegenüber der eines Mannes geht auch Dorothee Römhild ein. Katharina kritisiere, wenn sie auf dem Polizei-präsidium deutlich auf den Gegensatz von „Zärtlichkeit" und „Zudringlichkeiten" insistiere, das „herrschende Gewaltpoten-tial einer Vulgärsprache, die Obszönitäten mit Liebe gleich-setzt." Die weitläufig unkritische Rezeption der „Zeitung" habe, sichtbar an den Reaktionen der männlichen Bevölkerung, die Zerstörung von Katharinas Privatleben und damit die wei-terreichende Ehrverletzung zur Folge (Römhild 1991, 152).

Viktor Schlöndorff, der die Erzählung zusammen mit seiner Ehefrau Margarethe von Trotta verfilmte, erörterte in einem Interview seine Auffassung des Ehrbegriffes von Katharina:

> „Es ist ihr Glaube, ein Mensch zu sein, ihr Wille, es zu bleiben. Das ist ihr Verständnis von sich selbst, das Bild, das sie nach aussen gibt und wahren will. Und sie gibt sich nach aussen so, wie sie vor sich selbst den Respekt bewahren kann. Dass man sich selbst achten kann – das ist der Begriff der Ehre. Und das ist das, was sie zu verteidigen versucht." (Jaeggi 1976, 15)

Beim Durchsuchen von Katharinas Wohnung finden Polizisten einen Zettel mit einem Marx-Zitat:

> „Ich bin ein schlechter, gewissenloser, geistloser Mensch, aber das Geld ist geehrt, also auch sein Besitzer: das Geld ist das höchste Gut, also ist sein Besitzer gut. Verwandelt also das Geld nicht alle meine Unvermögen in ihr Gegenteil?"

Über die Leute von den Zeitungen sagt Katharina im Kran-kenhaus: „Es ist geradezu ihr Beruf, unschuldige Menschen um Ehre, Ruf und manchmal ums Leben zu bringen." Das Leit-motiv der Ehre findet sich auf zweifache Weise im Film: ein-mal in der wahren, richtigen Ehre der guten, armen Katharina und zum anderen in der Unehre der schlechten, gewissenlosen Menschen. Dem entspricht auch der Motivkreis Unschuld,

Reinheit auf der einen und Schuld, Schmutz, Dreck auf der anderen Seite. Katharina, die äußerlich durch die „Zeitung" in den Schmutz gezogen wird, bleibt innerlich rein, während die Männer mit den sauberen Westen und weißen Kragen die eigentlich Schmutzigen sind. Nachdem der Schmutz in Form von Unterstellungen in Verhören, Artikeln der „Zeitung" und Briefen über Katharina hereingebrochen ist, verliert ihre Wohnung, für die sie gearbeitet und gespart hat, ihre Funktion und ihren Sinn. Sie wirft Flaschen und Gläser an die Wände, beschmutzt diese und vollendet die Zerstörung, die die Polizei begonnen hat. Diese Metaphorik von Schmutz und von der verlorenen Ehre, die durch ein Duell mit tödlichem Ausgang wiederhergestellt werden muss, erinnert an ein bürgerliches Trauerspiel.

Die Moral der Erzählung

Nach Schlöndorffs Ausführungen hat Böll verschiedene Alternativen für die Reaktion der Katharina auf die Schmutzkampagne erwogen. Die erste soll er sogar in einem ersten Entwurf der Erzählung geschrieben haben: Darin sollte die Katharina die Aggression und den Protest gegen sich selbst richten, also Selbstmord begehen. Diese Lösung wäre aber nicht überzeugend gewesen, weil die Hoffnung auf „ihren" Ludwig sie daran hinderte. Die zweite Alternative wäre, zu der Katharina von allen um sie herum angehalten wird: sich versöhnen zu lassen, sich anzupassen, zu sagen: Es ist ja alles gar nicht so schlimm, übertreib's mal nicht, du wirst dich schon arrangieren. Die dritte Alternative bestünde schließlich darin, den individuellen Protest in einer Gruppe aufgehen zu lassen, in einer demokratischen Aktion oder politischen Arbeit oder in einem Engagement, wo sich das, was Katharina an Empörung über die Verhältnisse empfindet, konkret umsetzen lassen könnte. Schlöndorff meinte in diesem Interview, dass gerade die Tatsache, dass es dies nicht gibt, die Katharina dazu führe, ihre emotionale Spannung durch nichts anderes als diese eruptive Gewalt zu lösen.

Die Erzählung der Katharina Blum ist wohl keine tiefenpsychologisch-analytische Studie, sondern eine moralische

Geschichte. Böll wollte mit ihr ein politisch-gesellschaftliches Sittenbild in der Bundesrepublik entwerfen, anklägerisch gegen sog. restaurative Entwicklungen und anklägerisch gegen den zynischen Missbrauch der Pressefreiheit. Im Jahr 1972 hatte Böll seine teils aufgrund persönlicher Erfahrungen als Opfer von Pressekampagnen gewonnenen Einsichten über Erscheinungsformen der Gewalt mehrfach öffentlich artikuliert. In seinem Essay „Die Würde des Menschen ist unantastbar" führte er aus:

> „Es ist doch nachgerade unfaßbar, wenn man hierzulande unter Gewalt nur noch die Gewalt von Bomben und Maschinenpistolen versteht. Übt eine BILD-Schlagzeile keine Gewalt aus? Welche? Was wird da angerichtet in den Köpfen, im Bewußtsein, am Aggressionspotential dieser elf Millionen Süchtigen, die der politisch Gefährlichsten aller Süchte, der BILD-Sucht unterworfen sind." (zit. nach Wirth 1975)

Die furchtbare Erkenntnis, die in der Filmfassung gleich zu Beginn vermittelt wird, lautet, dass in wenigen Augenblicken das Leben eines unschuldigen Menschen radikal verändert werden kann, wenn ihn der Zufall mit einem politisch fanatisierten Behördenapparat in Berührung bringt. „Wie Gewalt entstehen und wohin sie führen kann" lautet der Untertitel der Erzählung Bölls. Dass und wie Gewalt auch ganz subtile Gestalt annehmen kann, tritt in der Erzählung immer wieder deutlich zutage. Nach Bölls eigenen Worten lautet die Moral seiner Geschichte über die ganz und gar unpolitische Titelfigur Katharina Blum:

> „Lest mit äußerstem Mißtrauen Zeitungen, alle. Und wenn man der Gegenstand der Presse ist, wird man immer mißtrauischer. Nicht nur, was die eigene Person betrifft, sondern auch, was über andere mitgeteilt wird. Ich lese sehr viele Zeitungen, manchmal vier oder fünf verschiedene an einem Tag und vergleiche immer, wie schreiben die jetzt über Chile und die und die. Ich stelle mir vor, ich wäre nur der Leser einer Zeitung. Ich wäre verloren. Auch eine andere Moral wäre: Glaubt nicht an die Unfehlbarkeit der Zeitung, die ja immer unterstellt wird. Wenn Sie mal dahintergucken, sagen alle Leute „Das stand aber in der Zeitung" und halten das für einen Wahrheitsbeweis. Das wäre meine Moral:

mißtrauisch sein, und wenn man zum Opfer wird, nicht bloß Gegenstand, sich wehren dagegen, wie, weiß ich nicht. Diese junge Dame wählt diesen Weg, den ich nicht empfehlen kann, aber es gibt andere Möglichkeiten, sich zu wehren und die Unfehlbarkeit der Zeitungen permanent in Frage zu stellen. Das wäre meine Moral." (Interview in „Querschnitt" 1977, 133f)

5 Medienethik aus der Perspektive der Medienopfer

Medienethische Leitlinien sollen einen korrekten Journalismus garantieren. Der Anspruch der Leser auf wahrheitsgemäße Berichterstattung und ausgewogene Diskussion steht dabei im Vordergrund. Ein Interesse an korrektem Journalismus haben aber auch jene Personen, *über* die geschrieben und geurteilt wird. Sie selber haben Anspruch auf tatsachengetreue Darstellung und auf Respektierung ihrer Persönlichkeitssphäre. Von der Warte der Medienopferproblematik aus betrachtet hat Journalismus – um medienethischen Standards zu genügen – das Entstehen von Medienopfern möglichst zu vermeiden.

Ich möchte die medienethischen Probleme hier lediglich aus der Perspektive des Medienopfersyndroms erörtern und einige Anforderungen, die meines Erachtens erfüllt werden müssen, formulieren. Dabei will ich diese für die einzelnen von mir definierten Kategorien von Medienopfern besprechen. Übergeordnet gilt für alle das Gebot: Tue anderen nicht an, was du selber nicht möchtest, dass man es dir antut. Eine Abweichung von diesem Grundsatz ist nur akzeptabel, wenn der Öffentlichkeitsanspruch dies dringend erfordert. Dieser beinhaltet das Verlangen nach Transparenz für alle Bereiche und Vorgänge, die uns allen bekannt sein müssen, um das Leben und Zusammenleben adäquat bewältigen zu können, und die das liberale und rechtsstaatliche Funktionieren der Gesellschaft ermöglichen. Schutz der Persönlichkeitssphäre und Anspruch auf Information sind in behutsamer Weise aufeinander abzustimmen. Im Hinblick auf die Prävention des Medienopfersyndroms lässt sich diese Regel ausdrücken mit dem lapidaren Satz: „Verletze die Integrität der Persönlichkeit nicht ohne Not." Bedingung für eine entschuldbare Verursachung eines Medienschadens ist das Vorliegen vitaler, politischer oder rechtsstaatlicher Gründe. Journalisten tun gut, sich an die Maxime zu halten, die für die ärztliche Kunst gilt: 1. keinen unnötigen Schaden zufügen, 2. immer richtig dosieren und 3. Nebenwirkungen auf ein Minimum halten.

Paparazziopfer: Stichwort Rücksichtnahme: Medienethische Korrektheit gebietet, Belastungen für Informanten, Interviewpartner und Menschen, über die geschrieben wird, auf einem für diese erträglichen Maß zu halten. Sie sollen in einem vernünftigen Verhältnis zur Dringlichkeit der journalistischen Aufgabe stehen. Der geordnete und reguläre Lauf des Tagesprogramms des Informanten soll so wenig wie möglich gestört werden. Unnötige Aufdringlichkeit oder gar Drangsalierung sind zu vermeiden, Kontaktaufnahme und -pflege nach Möglichkeit zu strukturieren und den Verhältnissen des Partners anzupassen. Dabei ist dessen allfällige Unerfahrenheit zu beachten. Er muss ferner angemessen orientiert und beraten werden über Zeitpunkt, Dauer und räumliche Bedingungen eines Interviews sowie über Bildaufnahme, Einverständniserklärung, Gegenlesung und andere rechtliche Aspekte. Bei erfahrenen oder routinierten Auskunftspartnern ist auf deren eigene Strukturierungsgewohnheiten und -angebote so weit wie möglich einzugehen (Zeit und Ort einer Pressekonferenz, Form der Medienorientierung).

Der Gesprächspartner ist über die von Thema und Zeitplan her gegebene Dringlichkeit zu orientieren und die Erwartung der Medien an seine Bereitschaft zur Kooperation nach dieser zu richten. Es ist ihm eine ausreichende Zeit für Besinnung, Vorbereitung und Auseinandersetzung mit dem Gegenstand der Befragung zuzugestehen. Ferner ist auch der bereits bekannte oder mutmaßliche Stellenwert einer beabsichtigten Publikation offenzulegen einschließlich möglicher zukünftiger Entwicklungen. Journalisten sollen einer allfälligen für sie erkennbaren Verminderung der Urteilsfähigkeit ihrer Auskunfts- und Gesprächspartner Rechnung tragen. Sie sollen bei labilen Auskunftspersonen entsprechende Zurückhaltung üben, beispielsweise bei Alkoholismus, Geisteskrankheit, übertriebener Geltungssucht oder durch traumatische Zustände entfesselter unkontrollierter Redseligkeit.

Outing-Opfer: Stichwort Einverständnis: Medienethische Professionalität gebietet, Geheim-, Privat- und Intimsphäre zu schonen, soweit nicht wichtige vitale, politische oder rechtsstaatliche Gründe dagegensprechen. Eine Veröffentlichung von Daten aus diesen Sphären setzt immer die Einwilligung der Betroffenen voraus. Deren Verbreitung in den Medien ist auch dann nur mit deren Einverständnis zulässig, wenn sie durch Drittpersonen, etwa durch Verwandte oder Bekannte, mitgeteilt worden sind, und sogar dann, wenn sie in der nichtmedialen Öffentlichkeit wahrnehmbar sind (z. B. öffentliche Plätze).

Meines Erachtens gilt für die Veröffentlichung privater Daten das *Gastgeberprinzip.* Dieses gesteht dem Interviewpartner das Recht zu, den Umfang der Offenlegung seiner privaten Verhältnisse selber zu bestimmen. Gewöhnlich ist es der Gastgeber, der bestimmt, in welchen Räumlichkeiten seine Gäste sich aufhalten dürfen, wie lange und wie oft, welche Schränke und Schubladen von ihnen geöffnet werden dürfen. So kann auch der Journalist keinen Ergänzungs- und Vollständigkeitsanspruch im privaten Bereich seiner Informationspartner geltend machen. Diese Einseitigkeit schließt auch das Recht der Auskunftsperson ein, von sich die positive, harmonische, idyllische Bilderbuch- und Schokoladenseite ins Licht zu stellen und die unvorteilhafte Kehrseite zu verbergen. Dieser Einseitigkeitsanspruch widerspricht zwar krass der Maxime von Objektivität und Vollständigkeit. Er beruht aber auf Gegenseitigkeit, denn weder Bürger noch Medien haben Anspruch auf Veröffentlichung privater Belange. Beide können dies gegenseitig von einander wünschen, aber nicht fordern. Die Erfüllung dieses Wunsches unterliegt der Freiwilligkeit und Willkür auf beiden Seiten.

Das Recht auf ein positives Bild in der Öffentlichkeit entspricht der in unserer Kultur vorherrschenden Dominanz von Wohlwollen gegenüber Missgunst in den sozialen Beziehungen. Sie zeigt sich beispielsweise darin, dass wir unabhängig von der Natur der persönlichen Beziehung in der Regel allen Mitmenschen „einen guten Tag" wünschen, ohne dies als Heuchelei zu werten. Während heikle Informationen nicht verbreitet werden sollen, dürfte die Veröffentlichung trivialer und harmloser Informationen aus der Privatsphäre, die von einer durchschnittlichen Unempfindlichkeit und Aufgeschlossenheit der Betroffenen ausgeht, im Allgemeinen unproblematisch sein.

Lügen- und Falschdarstellungsopfer: Stichwort Überprüfung: Dass falsche Aussagen inakzeptabel sind, dürfte im medienethischen Diskurs unbestritten sein. Das Recht auf Richtigstellung erscheint von daher als selbstverständlich. Besonders verwerflich ist die vorsätzliche Falschmeldung, um eine politische Ansicht zu untermauern oder die Erhöhung und Befriedigung der Sensationslust der Leser zu bewirken. Falsche Informationen betreffen nicht nur Fakten. Sie können als Akzentsetzungen, Übertreibungen, Untertreibungen, Erwähnungen in falschem sinnentstellenden Kontext in Erscheinung treten. Sie entstehen oft dadurch, dass der Schreibende aus einem Teilwissen vorschnelle Schlussfolgerungen zieht und Lücken nach seinem eigenen Verständnis ergänzt. Falsche Eindrücke werden beim Leser oft nicht durch unzutreffende Mitteilungen und Charakterisierungen hervorgerufen, sondern durch unvollständige Aussagen, die bei ihm zu falschen Annahmen und Interpretationen verleiten. Alle diese Fehler lassen sich nur vermeiden, wenn der Text vor der Veröffentlichung der betroffenen Person zur Stellungnahme vorgelegt wird. Die Korrekturen, Ergänzungen und Differenzierungen können die von ihm und über ihn gemachten Aussagen ins richtige Licht rücken.
Die Auswirkungen einer falschen Mitteilung werden von Journalisten oft unterschätzt und von Betroffenen überschätzt. Sie machen sich oft nicht in der großen anonymen Öffentlichkeit, sondern in der engeren Öffentlichkeit des Bekanntenkreises bemerkbar. Sie sind aber wegen der dauernden Verfügbarkeit von Informationen im Google-Zeitalter andererseits von nicht zu unterschätzender, potenziell nachhaltiger Wirkung.

Tribunalisierungsopfer: Stichwort rechtliches Gehör: Die Beeinträchtigung in den persönlichen Verhältnissen eines Tribunalisierungsopfers ist vergleichbar mit jener eines Angeklagten vor

Gericht, dem rechtliches Gehör und Verteidigung verweigert werden. Aus diesem Grund soll jeder das Recht haben, binnen nützlicher Frist zu Kommentaren über ihn Stellung zu beziehen, sei es von Redakteuren und Kolumnisten, sei es von Leserbriefschreibern. Eine Stellungnahme kann durch Interviews oder schriftlich ausformulierte Gegendarstellungen erfolgen. Dabei ist zu beachten, dass das gleiche Publikum erreicht wird, das an der Tribunalisierung aktiv oder passiv teilgenommen und davon Kenntnis erhalten hat. Ein gewisser Ausgleich verzerrter und einseitiger Beurteilungen kann manchmal auch durch die Veröffentlichung einer Vielfalt von Meinungen erreicht werden, ohne dass das Opfer selbst zu Wort kommt.

Instrumentalisierungsopfer: Stichwort Appell an Selbstbestimmung: Dass Menschen für publizistische Zwecke benutzt werden, ist unvermeidbar, wenn die Erfüllung vielfältiger publizistischer Bedürfnisse gewährleistet werden soll. Verantwortungsvoller Journalismus soll sich aber darum bemühen, die Instrumentalisierung auf das Notwendige zu begrenzen. Dazu gehört jedenfalls, dass menschliche Schwächen und leichtfertige Mitwirkungsbereitschaft nicht bedenkenlos für publizistische Zwecke ausgebeutet werden. Die potenziellen Mitwirkenden sollen ausdrücklich auf ihre Selbstbestimmung angesprochen werden. Bei erkennbarem Mangel an Selbstkritik soll auf die Möglichkeit negativer Folgen einer Mitwirkung hingewiesen werden.

Stigmatisierungsopfer: Stichwort Differenzierung: Stigmatisierung bedeutet, dass Betroffene von der Umgebung nicht mehr differenziert wahrgenommen und beurteilt werden. Dies geschieht nur noch anhand *eines oder weniger* Merkmale, die sie durch die Veröffentlichung bekanntgemacht haben. Sie erfahren daher von der Masse keine gerechte Bewertung mehr. Journalisten sollen solche Verzerrungen korrigieren, indem sie sich in Berichten und Kommentaren um eine ausgewogene und differenzierte Darstellung bemühen. Sie können dadurch der

Entdifferenzierung entgegenwirken und den Stigmatisierungs-
effekt abmildern. Damit können sie der Verfestigung und Verbreitung von Vorurteilen entgegenwirken.

Ignorierungsopfer: Stichwort Beachtung: Viele Menschen sind
auf Präsenz in der Öffentlichkeit angewiesen, um sich beruflich erfolgreich zu bewähren und zu verwirklichen. Missachtung und Boykott ihres Anspruchs kann zu einer schweren
Benachteiligung bis hin zum wirtschaftlichen und sozialen
Ruin führen. Auch die Leserschaft hat ihrerseits ein legitimes
Interesse an einem vollständigen Wissen über die verfügbaren
Angebote und Wahlmöglichkeiten aller Art in Wirtschaft, Gesellschaft und Politik. Die Medien stehen daher in der Pflicht,
die Ansprüche auf Bekanntheit von Leistungsanbietern gleich-
berechtigt zu berücksichtigen.

Verhöhnungs- und Verspottungsopfer: Stichwort Unterlassung:
Medien können durch den Stil ihrer Berichte und Kommentare
massenpsychologische Entartungen wie übertriebene Emotionalisierung, Hetze und Lynchjustiz steuern, fördern oder auch
bremsen. Sie haben zwar auch die wichtige Aufgabe, Gefühle der Bevölkerung zum Ausdruck zu bringen und maßvolle
kathartische Entladungen zu ermöglichen. Sie können dadurch
übermäßigen Stauungen vorbeugen, die sich in unkontrollierten unheilvollen Ausbrüchen entladen könnten. Vornehmlich
obliegt es ihnen aber, der kochenden Massenseele mit der Stimme mäßigender und kühlender Vernunft zu begegnen.

Literatur

Basler Zeitung, 8.7.2002, 7

Bellmann, W., Hummel, C. (1999): Heinrich Böll. Die verlorene Ehre der Katharina Blum. Reclam, Stuttgart

Berner Stadtblatt, 27.12.1880

Berner Volkszeitung, 2.7.1879

–, 12.7.1879

Berner Zeitung, 8.7.2002

Bild-Zeitung, Kölner Ausgabe, 23.12.1971

–, 12.2.1974

Böll, H. (1972): „Will Ulrike Gnade oder freies Geleit?" In Der Spiegel, 10.1.1972, 54–57

– (1976): „Die mehrfach verlorene Ehre der Katharina Blum". Frankfurter Rundschau, Nr. 107, 19.5.1976, 7

– (1977): Interview von Dieter Zilligen für NDR, Fernsehen III, Programm, Bücherjournal, 19.10.1974. In: Querschnitte. Aus Interviews, Aufsätzen und Reden von Heinrich Böll. Zusammengestellt von V. Böll und R. Matthaei. Kiepenheuer und Witsch, Köln, 133–134

– (2000): Die verlorene Ehre der Katharina Blum. dtv, München

Burkhart, D. (2002): Ehre. Das symbolische Kapital. dtv, München

BZ (Berliner Zeitung), 7.2.1974. Springer, Berlin

Cantril, H. (1982): The Invasion from Mars: A study in the Psychology of Panic, Princeton University Press

Capon, G. (1904): Les Maisons Closes au XVIIIème siècle. In: P. und E. Dühren. Neue Forschungen über den Marquis de Sade und seine Zeit. Max Harrwitz, Berlin

Das Magazin, 16.11.2002, 26

Der Freisinnige, 29.12.1880

Dilling. H., Mombour, W., Schmidt, M. H. (1991): Internationale Klassifikation psychischer Störungen, ICD-10. Verlag Hans Huber, Bern

Dörner, A. (2001): Politainment, Politik der medialen Erlebnisgesellschaft. Suhrkamp, Frankfurt a. Main

dtv-Lexikon (1999): 5. Aufl. Brockhaus GmbH, Mannheim; dtv, München

Etymologisches Wörterbuch des Deutschen (1993): dtv, München

Facts, 31.10.2002, 22

Ferenczi, S. (1988): Ohne Sympathie keine Heilung. Das klinische Tagebuch von 1932. Fischer, Frankfurt a. Main

Goffman, E. (1963): Stigma. Suhrkamp, Frankfurt a. Main

Höring, H. (1974): „Leserbrief". Spiegel, Nr. 34, 7, 19.8.1974

Horkheimer, M., Adorno, Th. W. (1988). Kulturindustrie – Aufklärung als Massenbetrug. In: Horkheimer/Adorno: Dialektik der Aufklärung. S. Fischer, Frankfurt a. Main

Jaeggi, B. (1976): Wo unsere Ehre zu verteidigen ist. Die Tat, Nr. 107, 7.5.1976, 15

Jungblut, P. (2003): Famose Kerle: Eulenburg – eine wilhelminische Affäre. MännerschwarmSkript, Hamburg

Kießling, G. (1993): Versäumter Widerspruch. v. Hase und Köhler Verlag, Mainz

Krebs, M. (1999): Ulrike Meinhof. Ein Leben im Widerspruch. Rowohlt, Reinbek

Kunczik, M., Zipfel, A. (2001): Publizistik. Böhlen, Köln/Weimar/Wien

La Prensa, 5.2.1881. Korrespondentenbericht verfasst am 4.1.1881

Le Temps, 28.12.1880

Ludwig, G. (1999): Heinrich Böll. Die verlorene Ehre der Katharina Blum. Eine literarische Auseinandersetzung mit dem Sensationsjournalismus. Königs Erläuterungen und Materalien. Bange, Hollfeld

Manuel, P. (1791): La police dévoilée. Paris

Michel, W. (1978): Bundesrat Josef Fridolin Anderwert im Spiegel der Presse. In: Thurgauische Beiträge zur Vaterländischen Geschichte, Heft 115

Mommsen, W. (2005): War der Kaiser an allem schuld? Ullstein, Berlin

Nebelspalter, 11.12.1880

New York Times, 29.12.1880

Nouvelliste Vaudois, 20.12.1880

NZZ (Neue Zürcher Zeitung), 21.12.1880. Mittagsausgabe

–, 27.12.1880

–, 15.12.2006, 2

Ramge, Th. (2003): Irgendetwas mit ü. Die Zeit, Nr. 14, 23.10.2003, zit. nach www.zeit.de/2003/44/A-Kie_a7ling, 31.3.2007

Rammer, H. P. (2005): Was ist Gesundheit. www.Umweltmedizin-dr-rammer.com, 31.3.2007

Reich-Ranicki, M. (1974): Der deutschen Gegenwart mitten ins Herz. Frankfurter Allgemeine Zeitung, Nr. 125, 24.8.1974

Römhild, D. (1991): Die Ehre der Frau ist unantastbar. Das Bild der Frau im Werk Heinrich Bölls. Centaurus, Pfaffenweiler

Scheele, M. (2006): Das jüngste Gerücht. mvg Verlag, Heidelberg
Schwäbischer Merkur, 24.12.1880
Silén, U. (1982): Marie, Leni, Katharina und ihre Schwestern. Eine Analyse des Frauenbilds in drei Werken von Heinrich Böll. Schriften des Deutschen Instituts der Universität Stockholm 13. Stockholm
Sowinski, B. (1994): Heinrich Böll. Die verlorene Ehre der Katharina Blum. Oldenbourg, München
Steakley, J. D. (2004): Die Freunde des Kaisers: Die Eulenburg-Affäre im Spiegel zeitgenössischer Karikaturen. MännerschwarmSkript, Hamburg
Super Illu, 6.6.2002, 85

Tages Anzeiger, 15.12.2006, 7
Tagwacht, 24.12.1880
Thurgauer Zeitung, 28.12.1880
–, 31.12.1880
Times, 30.12.1880

Weishaupt, T. (2000): Das Totengericht. Über den Selbstmord des Bundespräsidenten Anderwert. Unveröffentlichtes Manuskript
Wirth, G. (1975): Plädoyer für das Erbarmen. In: Jurgensen, M. (Hg.): Böll. Untersuchungen zum Werk. Francke. Bern

Zihlmann, O., Pfister, Ph. (2003): Der Fall Borer, Fakten und Hintergründe eines Medienskandals. Werd Verlag, Zürich
Zürcher Post, 31.12.1880
–, 1.1.1881

Sachregister

Personenregister

Gottfried Fischer | Peter Riedesser
Lehrbuch der
Psychotraumatologie

3., aktualisierte u. erweiterte Auflage 2003.
410 Seiten. 21 Abb. 20 Tab.
(978-3-8252-8165-6) gb

Seelische Verletzungen, ihre Ursachen
und Folgen, Prävention, Rehabilitation
und therapeutische Möglichkeiten – von
diesen Fragen und Problemen handelt
dieses Standardwerk der Psychotraumatologie. Die Autoren
stellen ein allgemeines Verlaufsmodell vor, analysieren die
Unterschiede des individuellen Traumaerlebens sowie spezielle
traumatisierende Situationen. Verschiedene Therapieformen
(psychodynamisch, verhaltenstherapeutisch, EMDR) werden
erklärt und kritisch eingeordnet.

ℝ reinhardt
www.reinhardt-verlag.de

Marc D. Feldman
Wenn Menschen krank spielen
Münchhausen-Syndrom und
artifizielle Störungen

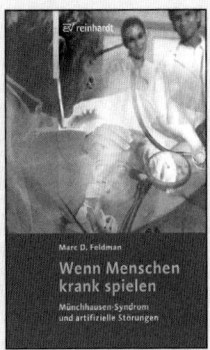

Aus dem Amerikanischen von Andreas Nohl
2006. 279 Seiten.
(978-3-497-01836-9) kt

Die angenehmen Seiten einer ungefähr-
lichen Krankheit kennen wir alle: Zuwendung, Pflege, Mitleid. Manche Menschen
„spielen" jedoch krank, um Aufmerksam-
keit zu erhalten: Sie leiden am sog. Münchhausen-Syndrom. Ein
Elternteil kann auch die Erkrankung eines Kindes vortäuschen,
weil er in der aufopfernden Pflege Anteilnahme und Macht-
gewinn erfährt. Was haben Menschen erlitten und erlebt, dass
vorgetäuschte Krankheit für sie zum Heilmittel wird?

Mit detektivischem Geschick analysiert Marc Feldman zahlreiche
Patientengeschichten. Anschaulich beschreibt er die Symptome.
Er gibt Hinweise, wie man „echte" von „falschen" Patienten
unterscheiden lernt und wie man die tatsächlichen Probleme
hinter der Maskerade aus Erfindung und Manipulation aufdeckt
und behandelt.

Eine fachliche Pionierleistung und ein fesselnder Streifzug durch
eine ebenso bizarre wie faszinierende Welt menschlicher Ver-
haltensweisen!

reinhardt
www.reinhardt-verlag.de

Treptow, Rainer (Hrsg.)
Katastrophenhilfe und Humanitäre Hilfe

2007. 207 Seiten. 7 Abb. 3 Tab.
(978-3-497-01896-3) kt

Katastrophenhilfe und Humanitäre Hilfe stehen nicht erst seit den verheerenden Flutkatastrophen in Asien im Blickpunkt der Öffentlichkeit. Neben den durch „Naturgewalten" ausgelösten Zerstörungen sind es auch die durch Kriege und Terror hervorgerufenen Katastrophen, die den Einsatz staatlich und nichtstaatlich organisierter Hilfe erforderlich machen. Das Buch behandelt Grundfragen der Katastrophenhilfe und der Humanitären Hilfe. Ethische Fragen und Völkerrecht werden ebenso untersucht wie Organisation, Koordinierung und Dilemmata humanitärer Hilfe. Dabei werden Aufgaben der medizinischen Versorgung und der posttraumatischen Betreuung von Betroffenen und Helfern genauso wichtig wie Konzepte einer nachhaltigen Krisenprävention.

ɛꞰ reinhardt
www.reinhardt-verlag.de